PROCÈS ET ACQUITTEMENT

DU NATIONAL.

PROCÈS ET ACQUITTEMENT

DU NATIONAL

POURSUIVI POUR AVOIR DÉFENDU

L'ÉGALITÉ, LES DROITS DE L'ARMÉE

LA LOI

CONTRE

LE PRIVILÉGE ET LE RÉGIME DES ORDONNANCES;

contenant

L'ARTICLE INCRIMINÉ, LES DÉBATS, LE RÉQUISITOIRE;

LA PLAIDOIRIE ET LA RÉPLIQUE

De Me **MICHEL** (de Bourges)

DÉPUTÉ DE NIORT.

Prix : 50 cent.

PARIS

PAGNERRE, ÉDITEUR

RUE DE SEINE, 14 BIS.

—

1838

PROCÈS ET ACQUITTEMENT

DU NATIONAL.

Faits préliminaires.

Des plaintes s'élevaient depuis longtemps contre l'intervention illégale du duc d'Orléans et de la camarilla dans la direction de l'armée. *Le National* avait déjà signalé plusieurs fois les effets désastreux de cette influence, lorsque parut inopinément l'ordonnance explicative de la loi du 14 avril 1832, sur l'avancement. *Le National* attaqua cette ordonnance dans un article qui produisit une profonde sensation; le ministère public fit saisir ce journal, et usant de la faculté que lui donnent les lois de septembre, il l'assigna, *dans les trois jours*, devant la Cour d'assises de la Seine.

Trois chefs d'accusations étaient articulés contre l'article incriminé qui avait paru dans le National du 24 avril, et que nous donnons ci-après.

1º *Offense à la personne d'un des membres de la famille royale;*

2º *Provocation à la désobéissance aux lois;*

3º *Provocation non suivie d'effet au crime d'insubordination et de révolte militaire.*

ARTICLE INCRIMINÉ.

ARMÉE. — De l'Ordonnance explicative de la loi sur l'avancement.

C'est une déplorable histoire que celle de l'enfantement long et pénible de l'ordonnance sur l'avancement. Préparée dans les bureaux du ministère de la guerre, d'après les avis des comités des diverses armes, approuvée par le ministre, elle était soumise à la signature royale; elle allait être publiée, lorsqu'une volonté princière intervint et exigea qu'elle fût déférée à son contrôle, qu'elle reçût sa sanction suprême. Le ministre céda lâchement à ces prétentions inconstitutionnelles. Le maréchal d'Austerlitz, le vainqueur de Toulouse s'humilia jusqu'à permettre que son œuvre fût corrigée par un jeune homme sans expérience, sans connaissances militaires, et qui, aux termes de nos lois, n'est pas même caporal dans notre armée. Une fois au pavillon Marsan, cette ordonnance fut discutée, commentée, raturée, amplifiée, et, en dernière analyse, entièrement refondue par le conseil militaire qui y siége sous la présidence du duc d'Orléans.

Ce travail dura longtemps, car la chose était importante : il s'agissait de dresser l'échelle qui devait servir à l'escalade et au pillage des emplois de l'armée par la cour et l'aristocratie. Mais les hauts conseillers qui représentent aux Tuileries les traditions et les abus de l'ancien régime allèrent trop loin dans leurs exigences, et le maréchal Soult, qui certes n'était pas scrupuleux en fait d'injustices, refusa de mettre son nom au bas de leurs élucubrations. De là, des pourparlers sans nombre et sans fin. Le maréchal Soult quitta le ministère ; la camarilla et son noble chef espérèrent avoir meilleur marché de son successeur, homme à la main et facile avec la cour, comme on sait; mais il se montra, contre toute attente, intraitable, et ne voulut pas entendre parler de leurs amendements. Vint ensuite le maréchal Maison, qui montra la même obstination et qui quitta le portefeuille sans avoir cédé aux plus vives sollicitations. Cependant, l'intérêt du service était fortement compromis par tous ces retards ; de toutes parts, on réclamait l'ordonnance régulatrice; journellement, les comités, les inspecteurs-généraux, les chefs de corps en pressaient la publication dans leurs relations avec le ministre de la guerre ; mais rien ne pouvait faire fléchir l'entêtement du duc d'Orléans, protecteur si éclairé des intérêts militaires. Cet état de choses eût duré longtemps encore si enfin, au bout de six années, il ne s'était pas trouvé un ministre qui eût consenti à passer outre aux objections des comités, aux représentations les plus imposantes, à contresigner l'œuvre du cénacle militaire du Pavillon Marsan. Un aide-de-camp du roi a tendu la main aux princes et aux courtisans; quoi de plus naturel ? Nous devons dire pourtant que le général Bernard ne s'est pas décidé immédiatement à passer sous le joug; il a lutté le plus qu'il a pu, et ce n'a été qu'après dix-huit mois de ministère qu'il s'est rendu au vainqueur de Mascara.

Maintenant que nous avons dit sous quelles influences et dans quel but elle a été écrite, voyons l'ordonnance elle-même.

Elle occupe 137 pages in-4° ; elle a prétendu prévoir tous les cas, et elle est tombée dans une confusion profonde qu'augmente incessamment un style obscur, embarrassé, diffus. Elle énumère les grades dont se compose la hiérarchie militaire ; elle établit les règles générales de l'avancement en temps de paix et en temps de guerre, depuis le grade le plus humble jusqu'à celui de maréchal de France ; puis elle pose les modifications, les exceptions qu'il a plu à ses nobles rédacteurs de formuler pour chaque arme en particulier, et pour les divers corps, tels que les bataillons d'infanterie légère d'Afrique, la gendarmerie, la garde municipale, les voltigeurs corses, les équipages militaires, les compagnies de discipline, les sapeurs-pompiers de la ville de Paris, l'intendance militaire, les vétérans, etc. ; et, enfin, elle contient une foule de dispositions purement transitoires.

Nous voudrions pouvoir suivre titre par titre, chapitre par chapitre, cette volumineuse ordonnance, car cette revue nous fournirait bien des occasions de montrer combien il y a, en certain lieu, d'ignorance de la théorie et de la pratique des choses militaires ; mais cette critique, qui aurait bien son utilité, serait trop spéciale pour trouver place ici. Nous nous bornerons à dire que quelques parties, malheureusement trop rares, sont la reproduction de l'ordonnance de 1818 ; que quelques autres, également bonnes, quoiqu'un peu moins claires, auront de bons résultats ; que beaucoup seront d'application fort difficile et sont fort embrouillées ; que beaucoup encore sont oiseuses ; enfin que quelques-unes sont parfaitement absurdes ; et nous examinerons seulement les articles dans lesquels la loi sur l'avancement a été le plus évidemment violée.

La loi du 14 avril 1832 dit textuellement (art. 2) : « *Nul ne pourra être sous-lieutenant s'il n'a servi au moins deux ans comme sous-officier dans un des corps de l'armée, ou s'il n'a été pendant deux ans élève des Ecoles polytechnique ou militaire, et s'il n'a satisfait aux examens de sortie de ces écoles;* » et, dans les articles subséquents, elle fixe le minimum du temps que l'officier doit passer dans chaque grade avant de pouvoir prétendre au grade supérieur.

Ceci est clair : aucune exception n'est admise.

Cependant, voici comment l'ordonnance qui explique la loi fait application de ce texte : « *Les princes de notre famille peuvent être colonels à l'âge de dix-huit ans révolus.* (Chap. 9, art. 73.) » Y eut-il jamais violation plus effrontée de la loi? Colonel à dix-huit ans ! et, la loi de recrutement n'admet pas de soldats dans l'armée avant dix-huit ans. Ainsi, à l'âge où un citoyen français, *qui s'enrôle volontairement,* ne peut être que soldat, un prince du sang peut être colonel. Voilà donc où nous en sommes venus huit ans après une révolution faite contre les priviléges et les privilégiés : on ose inscrire dans une ordonnance royale la consécration d'un privilége énorme accordé à la naissance, et cela par une infraction à la loi !

A présent qu'il est sur cette pente, qui peut dire où le gouvernement s'arrêtera? Après les princes colonels de naissance, ne verrons-nous pas bientôt leurs parents, à tous les degrés, investis, à leur sortie du collége, des différents grades de la hiérarchie militaire? Une fois le principe posé et admis pourquoi n'en tirerait-on pas les conséquences?

Pendant longtemps on a fermé les yeux sur la position illégale que les princes ont prise dans l'armée ; on n'a pas compris tout d'abord ce qu'il y avait au fond de cette illégalité. Mais maintenant qu'ils peuplent les Tuileries d'officiers de cour, que la direction des affaires militaires passe aux mains du duc d'Orléans; maintenant que, grâce à lui, les injustices les plus criantes, les passe-droits les plus scandaleux viennent chaque jour décourager les plus braves et les plus capables au bénéfice de ses protégés; maintenant que, sous prétexte d'interpréter les lois, il fait rendre des ordonnances qui les violent, il n'y a plus à s'abuser, et les plus confiants reconnaissent qu'il y a péril pour l'armée et pour le pays dans la continuation d'un pareil état de choses. Mais qui le fera cesser? Malgré les protestations de la presse, le Parlement reste muet et semble approuver par son silence la plus flagrante des illégalités. C'est donc à l'armée que cette tâche revient. Il faut que dans ses rangs, sous l'épaulette de laine ou sous l'épaulette d'or, il se trouve un homme de cœur qui refuse formellement obéissance à ces généraux de naissance. Quelle que soit l'influence du pouvoir sur les conseils de guerre, il n'y en aura pas un seul qui ose condamner une aussi noble résistance; et si, par impossible, il s'en rencontre un, la cour de cassation fera justice de son arrêt; et le jour où il sera reconnu ainsi que l'uniforme usurpé ne donne pas le droit de commander, MM. d'Orléans et de Nemours rentreront dans la vie civile et se contenteront d'être généraux dans la garde nationale de Paris.

S'il plaisait au duc d'Orléans d'aller présider demain une audience de la cour royale, il ne se trouverait peut-être pas un seul conseiller qui voulût siéger à ses côtés : la magistrature en masse protesterait contre un pareil scandale, contre cette parodie de la justice, et le pays applaudirait à sa généreuse opposition. Eh bien ! le duc d'Orléans n'est pas plus lieutenant-général qu'il n'est président de cour royale. Que l'armée ose donc , et bientôt elle sera débarrassée de l'humiliant patronage qui lui a été imposé. Et qu'on ne nous accuse pas de pousser ici à l'indiscipline ; nous savons aussi bien que qui que ce soit qu'il n'y a pas d'armée sans discipline , mais la discipline est tout-à-fait hors de cause dans cette querelle. D'ailleurs si elle devait recevoir quelques atteintes, qui faudrait-il en accuser? Nous , ou bien ceux qui se mettent au-dessus des lois, au-dessus de la constitution.

Mais c'est trop insister sur un pareil sujet : l'évidence n'a pas besoin de démonstration.

La loi du 14 avril 1832 dit : « Un tiers des emplois de capitaines sera donné au choix, les deux autres tiers appartiendront à l'ancienneté. : » Ici encore il n'y a pas d'exception réservée, le texte est formel ; il s'agit de tous les emplois de capitaines qui existent dans l'armée. L'ordonnance explicative a donc encore violé la loi quand elle a établi (Ch. 5, art. 49 et 51) que les lieutenants nommés aux emplois d'adjudants-majors, de trésoriers , d'officiers d'habillement, et, dans les troupes à cheval, de capitaines instructeurs, seraient promus au choix , en dehors des tours d'avancement fixés par cette loi.

La prérogative royale se trouvait trop à l'étroit dans le cercle où le législateur a voulu l'enfermer ; elle l'agrandit. Et veut-on connaître la mesure du préjudice causé à l'ancienneté par cette disposition frauduleuse? Dans un régiment d'infanterie, il y a vingt-quatre capitaines de compagnie et cinq capitaines adjudants-majors, trésoriers ou capitaines d'habillement ; dans un régiment de cavalerie, il y a dix capitaines en premier ou en second et six capitaines instructeurs, adjudants-majors, etc. D'après la loi, l'ancienneté a droit à 19,2 des emplois de capitaines , dans chaque régiment d'infanterie, et on ne lui en laisse que 16 ; et, dans chaque régiment de cavalerie, au lieu de 10,6, elle n'en reçoit plus que 6,6.

On sait comment s'exerce le choix du roi par le temps qui

court. On sait qu'il n'est soumis à aucune condition qui garan-
tisse que ses élus aient la moindre supériorité sur ceux qui les
entourent. Cette extension qu'on lui donne n'est donc autre
chose qu'un moyen de plus de contenter les protégés de la cour,
des états-majors, des pairs, des députés, etc. ; qu'une prime de
plus à la paresse et à l'incapacité des fils de l'aristocratie nobiliaire
et financière.

Mais ce n'est pas tout encore. La loi a spécifié qu'*un tiers des
grades de sous-lieutenant vacants dans les corps de troupes
de l'armée sera donné aux sous-officiers des corps où a lieu
la vacance.* L'ordonnance a, d'un trait de plume, changé tout
cela, et elle a excepté du bénéfice de cette disposition, qui certes
ne fait pas une part trop large aux sous-officiers, les bataillons
d'infanterie légère d'Afrique et les compagnies de discipline. La
prérogative royale dispensera les sous-lieutenances, dans ces
corps, comme bon lui semblera ; quand ses protégés n'y seront
pas, elle les y fera venir d'ailleurs. On ne peut pas traiter la loi
plus cavalièrement.

Nous pourrions multiplier les citations de ce genre : car cette
ordonnance qui doit expliquer la loi d'avancement n'est autre
chose qu'un long démenti à cette loi; mais ce que nous venons
d'en dire est plus que suffisant pour donner une idée fort exacte
du reste.

Nous avons déjà cité le paragraphe qui établit un privilège en
faveur des officiers d'ordonnance du château ; nous ajouterons
quelques mots pour compléter à cet égard les renseignements que
nous avons donnés. L'ordonnance réserve aux princes et au roi
la faculté de prendre pour officiers d'ordonnance des lieutenants
et des sous-lieutenants, et elle dit qne ceux-ci ne seront pas rem-
placés à leurs régiments (Ch. VII, art. 59). Ainsi les officiers de
troupe peuvent s'attendre à faire le service des officiers du château ; et avant peu ils verront des militaires parcourir tous les
grades de la hiérarchie sans sortir des Tuileries, sans paraître
dans un régiment.

Et après de pareilles ordonnances, on s'étonne que la carrière
militaire ne soit pas plus suivie ; mais, en vérité, s'il est quelque
chose dont il faille s'étonner, c'est qu'il y ait encore des fils du
peuple qui aient un amour assez grand du métier des armes pour
aller volontairement livrer leur avenir aux caprices de la prérogative royale, et leurs personnes au commandement de MM. du
pavillon Marsan.

Débats.

COUR D'ASSISES DE LA SEINE.

Audience du 28 *avril* 1838.

PRÉSIDENCE DE M. BASTARD.

Ce procès, l'un des plus importants qui aient été déférés au jury depuis 1830, avait attiré une affluence considérable d'auditeurs. Le jeune barreau se pressait en masse dans la vaste enceinte des assises, et sur des bancs réservés ou remarquait un grand nombre de dames. Plusieurs députés, parmi lesquels MM. Cormenin, Martin (de Strasbourg), le général Leydet, assistaient aux débats.

A midi et demi, le greffier donne lecture des pièces de la procédure.

M. Delaroche, gérant du *National*, qui est assisté de Mᵉ Michel (de Bourges), se reconnaît, sur l'interpellation de M. le président, responsable de l'article qui fait l'objet de l'accusation.

La parole est ensuite donnée à M. l'avocat-général Nouguier.

RÉQUISITOIRE *.

Messieurs les Jurés,

« La prévention dirigée contre le *National* préoccupe vivement les esprits. Il devait en être ainsi, Messieurs. Depuis bien longtemps, depuis la Révolution de juillet, peut-être, il n'en a pas existé de plus grave, et cette gravité, la prévention l'emprunte à la gravité même des délits.

« Dans l'article signalé à votre appréciation, le trône, la loi, l'armée, tout a été attaqué, compromis ; tout ce qui concourt à la grandeur et à la stabilité des états a été mis audacieusement en question. Aussi, Messieurs, en présence de cette menace adressée à de tels intérêts, nous ne pouvions, sans une sorte de crime moral, rester inactif et silencieux.

« Toutefois, permettez-nous de le dire, au moment où ce devoir nous est apparu, nous n'avons pu nous défendre d'un sentiment de regret et de surprise. Après l'amnistie, après ce grand acte marqué au sceau d'une auguste clémence, après cet appel royal à l'oubli des dissensions intestines et

_____

Nous avons pris le réquisitoire du ministère public dans la Gazette des Tribunaux.

à la conciliation de tous, nous ne pouvions croire au réveil si prompt des partis.

« Hélas ! Messieurs , les partis ont pris à tâche de nous abuser promptement..... Naguères , une double poursuite a été nécessaire pour s'opposer aux attaques des organes de l'ancien régime. Aujourd'hui *le National*, s'adressant à d'autres passions, est venu, lui aussi, jeter son brandon de discorde au milieu de ces passions mal éteintes.

« Et nous, Messieurs, nous que notre mission place , au même titre , au milieu des opinions extrêmes, nous venons, au nom du respect pour la loi, vous demander la répression du *National*, comme vos devanciers ont prononcé, par deux fois, la répression du journal qui leur avait été déféré.

« Pour juger un délit de cette nature, nous pourrions presque nous borner à vous lire l'œuvre du journal poursuivi ; mais , avant tout , permettez-nous , Messieurs , de vous faire connaître en peu de mots les principes qui règlent la triple prévention dont vous êtes les juges.

« Le premier chef. de prévention est un délit d'offense envers l'un des membres de la famille royale.

« Le second vous saisit d'une provocation à la désobéissance aux lois.

« Le troisième , d'une provocation non suivie d'effets , à l'insubordination et à la révolte militaire.

« Le prince royal, l'héritier présomptif de la couronne, c'est le trône.

« L'armée, c'est la force.

« La loi, c'est la force morale.

« Ah ! certes, Messieurs, il n'est pas possible de s'attaquer aux institutions les plus respectables, les plus saintes, à celles dont le maintien et la consolidation sont les plus nécessaires au maintien et à la consolidation du gouvernement national. »

Ici, M. l'avocat-général donne lecture de l'article incriminé, et il annonce qu'il va le rapprocher de la triple prévention dirigée contre le prévenu.

« Le premier délit d'offense, continue M. Nouguier, vous le comprenez : c'est celui d'offenses envers le prince royal. Pour ceux qui se sont associés de bonne foi au culte constitutionnel, c'est une personne sainte que celle dont on a parlé ; c'est un nom auguste qui a été prononcé. Quelle position lui fait-on ? Celle d'un prince abusant de son droit de prince, se mêlant à des choses auxquelles il devait rester étranger, enlevant un contreseing à des ministres responsables; on l'accuse d'inconstitutionnalité.

« Votre raison s'arrêtera sur cette offense qui accuse le prince d'une injustice criante ; vous remarquerez que quand il intervient une ordonnance signée par la personne seule qui en avait le droit, c'est encore à lui qu'on veut en faire remonter la responsabilité. »

Après avoir justifié le premier chef de prévention , M. l'avocat-général s'attache à démontrer que l'article contient aussi la double provocation qui lui est reprochée. Il établit que ce n'est pas à un soldat dont l'intelligence peut quelquefois n'avoir pas même profité des lumières qu'aurait pu lui donner un maître d'école de village, qu'il faut laisser à résoudre une question qui, d'après la constitution, doit être déférée au parlement lui-même.

« Mais veut-on, continue le magistrat, que nous examinions la question de légalité de la position du duc d'Orléans. Le *National* a été habile ; il s'est adressé à ce qui est presque l'instinct national , à cet amour de l'égalité qui a régné en France jusqu'au moment où l'empereur, par une faute qui a entraîné sa chute, a rétabli les priviléges ; la révolution de juillet les a renversés, elle a été faite pour ce principe, et c'est le vœu du peuple qui a élevé la royauté actuelle et qui a consolidé ses fondements placés en quelque sorte sur le roc.

« Un privilége a survécu pour l'intérêt même du pays, et pour lui épargner ces déchirements qui peuvent suivre la mort d'un souverain , c'est l'hérédité de la couronne ? Mais que serait-ce que l'hérédité de la couronne sans les accessoires qui en sont l'appendice nécessaire ? Que serait-ce que cette vie claustrale qui ne permettrait pas au prince héréditaire de se mettre à la tête du pays pour repousser une agression ? Ce serait une illusion ; aussi, la loi a voulu que l'hérédité fut quelque chose ; elle lui a permis des distinctions qui ne sont pas pour tous. Le principe contraire est opposé à l'esprit de la constitution.

« D'après la charte, le roi commande l'armée ; n'a-t-il donc pas le droit de déléguer ses pouvoirs ; voulez-vous donc que le prince héréditaire devienne roi avant d'avoir été colonel ? Il faut qu'il ait fait son apprentissage du commandement , il faut qu'avant de monter sur le trône , il ait été sacré par un boulet, et que , si un grand jour d'épreuve arrive, que s'il y a une grande conflagration , il faut qu'il puisse marcher à la tête des forces du pays et défendre la frontière. »

M. l'avocat-général soutient ensuite que les princes de la famille royale qui sont revêtus de grades dans l'armée les ont obtenus conformément à la loi ; il rappelle que, sous la restauration, en vertu de la législation de l'époque, le duc d'Orléans et le duc de Nemours avaient été faits colonels.

« Au moment de la révolution de juillet, dit-il, le duc d'Orléans était à Joigny avec son régiment ; il maintient la tranquillité dans son département et il arrive à Paris. Vous tous , Messieurs , vous vous souvenez quel enthousiasme l'a accueilli lorsqu'il entra dans la capitale, traversa les boulevards; vous savez que cette considération, puisée dans un jour où le peuple est le souverain maître ne lui a pas manqué. Il y a plus , la révolution belge éclate , le duc d'Orléans marche à la frontière à la tête de son régiment, au milieu de toutes les acclamations de la population. Là encore, il y a consécration du grade obtenu sous la restauration. La charte elle-même a maintenu tous les grades conférés par la restauration. En 1832, le prince est fait maréchal-de-camp; en 1834, le duc de Nemours est élevé au même grade. Vous voyez dès lors que le temps prescrit par lo loi a été plus que dépassé; elle prescrit trois ans seulement , et il y a eu , entre les promo-

tions, six ans d'intervalle pour le duc d'Orléans, et quatre pour le duc de
Nemours.

« Quant à M. le prince de Joinville, il a été nommé enseigne dans la
marine royale après avoir subi les examens prescrits par la loi ; il a été
embarqué dans tous les parages où il avait des dangers à courir, il a na-
vigué ; et lorsque sous les murs de Constantine il y avait déjà une tête
royale exposée, il descend de son vaisseau et vole auprès de son frère à de
nouveaux dangers : aujourd'hui , il est bien légalement lieutenant dans
l'armée maritime.

« Les autres princes, le duc d'Aumale et le duc de Montpensier , où
sont-ils ? Vos enfants, MM. les jurés, sont peut-être maintenant assis auprès d'eux dans un de ces colléges créés par l'Etat où les fils du Roi re-
çoivent l'éducation populaire des fils des simples citoyens.

« Eh ! maintenant que le *National* provoque à la désobéissance, aux lois,
qu'il demande aux soldats de se révolter contre le duc d'Orléans ! qu'il
soutienne que ce prince n'est pas plus général que président de Cour
royale ! tout le monde verra là des provocations coupables que vous ne
manquerez pas, Messieurs, de réprimer. »

M. l'avocat-général termine ainsi :

« Tout ceci est grave, Messieurs les jurés, immensément grave. Ce n'est
pas seulement, en effet, un écart accidentel de la pensée : c'est un acte de
tactique ; c'est encore plus, peut-être, c'est un symptôme.

« Depuis la révolution de juillet, nous avons traversé ensemble bien des
jours mauvais.

« L'anarchie a eu ses apôtres, ses prédicateurs, ses héros. Ils ont longtemps tourmenté la France, et le sol de Paris tremble encore aux souvenirs des pas de l'émeute qui l'a si souvent foulé. Heureusement , le bon
esprit des populations, le courage des bons citoyens, l'union de la garde
nationale, où vous étiez, et de l'armée, qui était avec vous, ont rendu tous
ces efforts inutiles, et aujourd'hui, disons-le bien haut, le retour à ces cri-
minelles entreprises est un retour impossible.

« L'esprit de révolte l'a compris comme nous ; mais il n'a pas renoncé
pour cela à ses espérances coupables, et il a mis à profit cette trève que
nous devons à un sommeil d'un jour , pour atteindre, par un moyen nouveau, le but qu'il a incessamment poursuivi. Son regard , sa pensée, ses
prédications se sont maintenant adressées à l'armée. Par l'offense deversée
à pleines mains sur ses chefs, par le dédain jeté à la face de tout ce qui
porte l'uniforme civique, par ses provocations à la désobéissance, il a cherché à tenter sa fidélité. Ah ! MM. les jurés, cette fidélité, le passé de l'armée nous la garantit pour son avenir.

« L'armée sait comme nous , comme vous , comme tous ceux qui, en
France, ont au cœur un patriotisme sincère, que l'Etat c'est l'armée ; l'armée, la discipline, et la discipline, l'obéissance ; et si elle avait reçu de la
loi la mission de juger les délits qui vous sont déférés , elle serait la pre-

mièré à flétrir comme un présent funeste l'indépendance dont on veut la tenter.

« Cette mission, c'est à vous de la remplir, Messieurs les jurés, et c'est avec la confiance que donne une conviction sans limite que nous attendons votre jugement. Nous savons que, sous l'habit du garde national comme sur le siége du jury, nous pouvons compter sur les élans de votre patriotisme, sur le courage de votre fidélité et sur votre dévoûment absolu à nos institutions nouvelles, et certes ce n'est pas aujourd'hui que vous voudrez faillir à ce que la société, le trône, le pays et la loi ont le droit d'attendre de vous. »

M. LE PRÉSIDENT. La parole est au défenseur du prévenu.⅃ (*Vif mouvement d'attention.*)

PLAIDOIRIE DE Mᵉ MICHEL.

MESSIEURS LES JURÉS,

Je disais un jour à la chambre des députés : Vous avez fait de fort mau⟩ vaises lois contre lesquelles je protesterai toute ma vie. On me répondit : vous faites-là un discours d'autrefois. Qu'il me soit permis de le dire à mon tour et avec plus de vérité ; le réquisitoire que vous venez d'entendre est un réquisitoire d'autrefois.

Depuis 1830, il n'y a pas eu de procès politique un peu important auquel je n'aie été mêlé. Combien nos fonctions étaient alors difficiles ! L'accusation était vive et ardente ; la défense la suivait sur le terrain brûlant des passions et quelquefois l'y devançait ; c'était la guerre civile importée dans le sanctuaire de la justice. Je le déclare hautement, si j'avais pu prévoir que les débats actuels dussent ressembler aux débats de ces dernières années, des convenances toutes personnelles et les soins d'une santé chancelante ne m'auraient pas permis d'accepter la mission confiée à mon zèle par la confraternité politique.

Je m'étais dit : il me semble que les temps sont changés ; un mouvement lent, mais réel, s'opère dans les esprits ; les passions se calment, beaucoup de craintes chimériques tombent et s'effacent devant la vérité des faits ; on se voit, on se rapproche et bientôt on finira par s'entendre. Dans cette situation des esprits, qu'est-ce qu'un procès de presse, si ce n'est une controverse paisible, calme, de bonne foi, dans laquelle tout appel à des passions éteintes serait au moins une grande maladresse ? Cette illusion de mon cœur, le réquisitoire du ministère public l'a complètement détruite. On a essayé encore une fois de transformer en lutte de parti une querelle purement judiciaire.

La cause est grave, dit-on, elle préoccupe vivement les esprits ; oui sans doute elle est grave, et c'est pour cela que je tiens à honneur de la défendre devant vous. C'est un conflit solennel entre le droit commun et le droit exceptionnel ; entre le droit de tous et les prétentions de quelques-uns, entre l'égalité et le privilége, et ce qui ajoute à l'importance de la cause, c'est qu'elle est déférée à son juge naturel, à son juge légitime; une question d'égalité devant un jury français, quel gage de sécurité, quel puissant motif d'espérance. Nous traiterons donc la question devant vous avec franchise, avec loyauté, sans art, sans ambition; absous ou condamnés, la leçon sera efficace; elle profitera au pays car elle émanera d'un juge souverain et compétent.

On a parlé de l'amnistie. Mais le *National*, que je sache, n'a pas été amnistié, il n'est responsable que de ses opinions; fondé, dirigé, glorifié par un homme dont la mémoire est encore présente dans cette enceinte, par un homme qui, vingt fois, triompha des injustes attaques du parquet, le *National* n'eut jamais besoin d'amnistie, il ne fut jamais amnistié. L'amnistie est donc tout-à-fait étrangère à ces débats.

On vous a aussi parlé des émeutes, on a cherché à réveiller au fond de vos âmes des souvenirs que tous nos efforts devraient tendre à effacer. Ah! ce n'est pas volontairement qu'on se jette dans la guerre civile; dans ce sanglant conflit entre les enfants d'une même patrie, la victoire n'est-elle presque pas aussi déplorable que la défaite, et s'il en est parmi vous qui aient eu le triste honneur de prendre part à ces luttes, ce n'est pas assurément sur ces exploits douloureux qu'ils fondent leur gloire et celle de leurs enfants. Ces temps, je l'espère, ne reviendront plus, mais en vérité, au langage que tiennent certaines gens, on serait tenté de croire qu'ils sont désespérés du calme dont nous jouisssons.]

On vous a dit que nous avions fait appel à l'armée. Et pourquoi je vous prie? Dans quel but, dans quel dessein? où est notre influence sur l'armée? où sont nos généraux, nos officiers, nos soldats? La vérité est que nous avons réclamé pour les droits de l'armée. L'armée n'est pas la nation, comme on vous l'a dit, mais c'est une partie intéressante de la nation, j'ose dire que c'est la partie la plus intéressante de la nation, car elle se recrute dans les familles du peuple, car sa gloire est notre gloire, et nous comptons sur elle dans les jours du danger pour sauver la patrie. Non, encore une fois, nous n'avons pas fait appel aux passions de l'armée, nous avons exprimé ses griefs les plus légitimes, nous nous sommes constitués les défenseurs de ses droits les plus sacrés.

Enfin, il n'est pas jusqu'à votre susceptibilité de gardes nationaux qu'on n'ait cherché à exciter. L'accusation nous reproche d'avoir humilié la garde nationale en reléguant les princes dans ses rangs; elle nous fait un crime d'avoir dit que désormais les princes seraient réduits à se faire généraux dans la garde nationale : voilà de bien déplorables arguments. Vous trouvez donc qu'il est humiliant d'être général dans la garde nationale! N'est-ce pas elle qui vous a faits ce que vous êtes, vous et votre famille; et si ces temps n'étaient pas déjà si loin de nous, je rappellerais qu'en 1830 on n'était pas si dédaigneux; je ne sais pas quel était alors le grade du duc d'Orléans dans l'armée; ce que je sais, ce que je ne puis oublier, c'est que ce prince était alors simple artilleur dans la garde nationale.

Ainsi disparaissent tous les arguments empruntés par l'accusation à des considérations étrangères à la cause; arrivons au procès, et disons un mot d'abord du mode des poursuites dirigées contre le *National*, et du motif véritable de ces poursuites.

Nos lois pénales offrent aux accusés deux garanties également précieuses: les délais qui séparent la mise en prévention du jugement permettent au prévenu de combiner le système de sa défense, d'en réunir tous les éléments, d'en confier le soin à l'avocat de son choix, d'appeler à son aide les témoins dont il a besoin pour établir son innocence ou sa moralité. Une autre garantie non moins importante consiste dans l'obligation où est le ministère public, avant de donner suite à l'accusation, d'en faire accepter en quelque sorte la solidarité par les magistrats qui remplacent notre ancien grand jury d'accusation, je veux dire par la chambre du conseil et par la chambre des mises en accusation.

Vous savez, messieurs, comment ces deux garanties nous ont manqué; nous avons été assignés à comparaître devant vous dans les trois jours; nous avons été assignés directement par le ministère public, et sans que cette assignation ait été soumise au contrôle des magistrats inamovibles. De cette manière, nous nous trouvons obligés à nous défendre sur trois griefs, dont chacun peut entraîner la perte de notre liberté et compromettre gravement notre fortune, et nous n'avons eu que trois jours pour préparer nos moyens de défense, pour étudier les lois dont on poursuit contre nous l'application, pour rassembler les matériaux indispensables à notre justification; et vous-mêmes, vous êtes constitués les juges définitifs de cette accusation sans qu'une instruction préalable soit venue y répandre les lumières dont elle a besoin d'être éclairée, sans que des magistrats indépendants du pouvoir, étrangers à son action, soient venus vous rassurer par une décision préalable contre la crainte de la surprise et les dangers de l'entraînement. Ainsi la protection tutélaire dont les lois environnent le dernier des accusés, dont a joui cet homme qui naguère était assis sur ces bancs et que votre humanité vient d'acquitter; cette protection, dis-je, on la refuse à un journaliste, à un écrivain, à un citoyen qui, après tout, ne peut être coupable que d'avoir fait un emploi inconsidéré de son intelligence. Voilà où nous mènent ces lois de septembre, contre lesquelles je m'éleverai avec énergie toutes les fois que j'en trouverai l'occasion.

Quelle a été l'origine de ce procès? En 1832, une loi fut faite sur l'avancement de l'armée: cette loi, tout imparfaite qu'elle était, offrait cependant certaines garanties aux soldats et aux officiers de tous grades contre la faveur et l'intrigue, ennemis nés du mérite et du talent dans tous les temps et sous tous les régimes. Pour faciliter l'exécution de cette loi, une ordonnance était nécessaire; elle a paru non en 1832 comme vous pourriez le supposer, mais au mois de mars 1838. Le *National* en a fait une critique sévère mais juste; il a eu trop facilement raison. Lui répondre par des arguments sérieux puisés dans les faits et les principes n'était pas chose facile. On lui

2

la fait un procès; c'était plus commode et plus expéditif. Malheureusement pour le ministère public, le jury s'est trouvé sur son passage; voilà le véritable motif de ce procès; tout le reste n'est qu'un accessoire peu important. On veut avant tout avoir raison de notre critique, étouffer nos légitimes réclamations, protéger les illégalités de l'ordonnance par un verdict du jury, mettre une décision judiciaire à la place d'une discussion froide, logique, raisonnée.

Vous voyez, messieurs, combien la question est grave. Elle touche à l'un des points les plus importants de notre droit public. Elle mérite toute votre sollicitude. Pénétrez-vous de la haute mission qui vous est confiée, prononcez dans le calme et l'austérité de votre conscience, car, je vous le dis, c'est de l'avenir du pays qu'il s'agit; si vous consultez les sentiments qui ont éclaté au dehors, à l'occasion du procès du *National,* vous reconnaîtrez sans peine que nous ne combattons pas seuls ici; toute la presse indépendante est avec nous; le *Bon-Sens*, le *Journal du peuple*, la *Sentinelle de l'armée*, le *Courrier français*, le *Siècle*, le *Commerce*, le *Constitutionnel* nous appuient de leurs sympathies, de l'autorité et de l'unanimité de leur opinion touchant l'ordonnance du mois de mars. Il y a, je le répète, dans notre procès autre chose que de l'esprit de parti. Le véritable sujet de notre querelle, c'est l'interminable conflit, l'éternelle lutte entre les lois et les ordonnances. Si l'on était de bonne foi, si l'on voulait restreindre la discussion dans ses véritables limites et ramener le procès à son véritable objet, la question dont la solution vous est demandée se réduirait à ce peu de mots : l'ordonnance du 16 mars 1838 est-elle conforme à la loi du 14 avril 1832.

Nous sommes dans un pays qui a fait en 1830 une révolution, parce que l'on avait tenté de substituer le régime des ordonnances au régime des lois, et voilà que huit ans après on nous traîne sur les bancs des assises, nous qui nous sommes constitués les défenseurs des lois contre les ordonnances, pour quelques expressions échappées à la vivacité de nos convictions.

Nous sommes donc destinés à passer toujours par les mêmes épreuves. Que disait la presse sous la restauration? il existe au château une camarilla qui exerce une influence funeste sur le sort de l'armée. Les hommes du pouvoir répondaient par de formelles dénégations. Ils accusaient les intentions de la presse, ils criaient bien haut à la calomnie, au mensonge, à la diffamation. Où est la camarilla? Où sont ses actes officiels? Révélez-nous son existence par la signature d'un de ses membres? Et, pendant ce temps-là, la camarilla grandissait, marchait à son but, décourageait les uns, favorisait les autres, procédait par voie d'exclusion; si bien qu'un beau jour, l'armée se trouva peuplée d'émigrés, de fils de nobles, de chouans, et qu'au moment suprême, les soldats n'eurent rien de mieux à faire que d'abandonner leurs officiers pour se ranger du côté du peuple sous le drapeau de la révolution.

Permettez, Messieurs, que je vous rappelle à cette occasion ce que disait à la Chambre des députés le général Lamarque, d'illustre mémoire, lors de la discussion de la Loi sur l'avancement de l'Armée : « Je vous déclare que, dans les dix dernières années, presque toutes les nominations au choix ont été accordées à l'intrigue et à la faveur. Les princes, les princesses, les dames d'honneur, la Camarilla avaient leurs listes de candidats. Ces choix jetaient le découragement et le désespoir dans le cœur des officiers les plus méritants, de ces braves qui, fidèles à leur drapeau, animés des sentiments les plus exaltés de l'honneur, attendent tout de la justice et ne veulent rien devoir à l'intrigue et aux sollicitations. »

A présent que vous savez le mode et l'occasion de ces poursuites, examinons-en l'objet.

La prévention porte sur trois chefs.

Offenses envers un membre de la famille Royale.

Provocation à la désobéissance aux lois.

Excitation non suivie d'effets à l'insubordination et à la révolte militaires.

Nous traiterons chacun de ces points dans l'ordre tracé par l'accusation elle-même.

§ 1er. *Offenses envers un membre de la famille Royale.*

Le délit d'offense est complexe.

Notre premier tort suivant l'accusation serait d'avoir contesté à M. le duc d'Orléans son titre de Lieutenant-général. Il est évident que cette offense est subordonnée à la question de savoir si en effet le titre de Lieutenant-général appartient à M. le duc d'Orléans, et comme cette question sera traitée à fond lors de la discussion du troisième chef d'accusation, vous me permettriez, Messieurs, de ne point m'en occuper en ce moment, pour éviter des répétitions inutiles.

L'autre offense qui nous est imputée consisterait dans le reproche adressé à M. le duc d'Orléans d'exercer une influence illégale et illégitime sur les affaires du département de la Guerre. L'accusation s'indigne que nous ayons pu soutenir que la Camarilla, sous le patronage de M. le duc d'Orléans, commet une foule d'injustices criantes, et se permet les passe-droit, les plus monstreux. Il faut donc nous défendre sur ce point.

Nous examinerons d'abord si nous avons attaqué un membre de la famille Royale; nous verrons ensuite en quoi consistent ces attaques.

M. le duc d'Orléans est-il considéré dans l'article du *National* comme membre de la famille Royale, ou bien n'est-il question de lui qu'en sa qualité de lieutenant-général? Pour saisir l'importance de cette question, il faut se faire une idée nette des prescriptions pénales de la loi du 17 mai 1819.

Cette loi a divisé les personnes en deux classes. Le roi et sa famille d'un côté, tous les autres citoyens, fonctionnaires ou non, de l'autre ; à l'égard de ces derniers, la loi n'admet que deux espèces d'offenses possibles par la voie de la presse. : la diffamation et l'injure. Elle définit ces deux délits dont elle détermine les caractères avec une soigneuse précision. A l'égard du roi et des membres de sa famille, la loi s'est montrée plus sévère; elle n'a pas pris la peine de dire en quoi consiste l'offense. Elle a employé l'expression la plus vague, la plus indéterminée, la plus élastique. On peut offenser une personne, un fonctionnaire public, sans le diffamer ou l'injurier suivant les définitions de la loi, et dans ce cas, l'offense morale ou sociale échappe à toute pénalité, tandis que l'on ne peut offenser le Roi et les membres de la famille Royale sans être punissable. Je n'ai pas besoin de vous dire les motifs de cette différence dans les appréciations de la loi. La loi remonte à 1819, et vous savez à cette époque de quelle espèce de respect religieux, vrai ou feint, on voulait environner la royauté de droit divin. La royauté de juillet aspire à recueillir l'héritage des lois de 1819. Ne lui contestons pas cette prétention.

A cette première différence, tirée de la nature de la personne offensée, s'en joint une autre, celle de la pénalité. Vous comprenez déjà que le délit d'offense envers un membre de la famille Royale sera puni plus sévèrement que le délit de diffamation ou d'injure envers un fonctionnaire public.

Enfin, et ceci est de la plus haute importance pour le procès actuel : La loi de 1819 admet la preuve des faits prétendus diffamatoires à l'encontre d'un fonctionnaire public, et c'est justice; elle n'admet pas, elle ne pouvait pas admettre cette faculté vis-à-vis du Roi et d'un membre de la famille Royale.

Ainsi, nous avons le plus grand intérêt à déterminer d'une manière précise en quelle qualité la personne de M. le duc d'Orléuns a été envisagée dans l'article incriminé. Est-ce du prince que nous nous sommes occupés? Est-ce du lieutenant-général. La solution de cette question doit exercer une immense influence sur la nature de l'offense, sur la gravité de la peine, sur nos moyens de justification.

M. LE PRÉSIDENT. Permettez, M. Michel, il n'est pas possible que la Cour admette une distinction mal fondée. La qualité des princes du sang est indivisible.

Me MICHEL. Je ne plaide pas pour que la Cour admette cette distinction, mais pour que le jury l'admette.

M. LE PRÉSIDENT. Mais nous ne pouvons admettre cette divisibilité d'une seule personne. Au surplus, continuez.

M. MICHEL. Je vais continuer et j'y tiens beaucoup. Je n'ai pas l'intelligence de la Cour, j'ai la mienne, et je persiste dans ma défense. Messieurs les jurés, je suis touché de l'avertissement de M. le président. Vous allez voir l'importance de la distinction que j'établissais. Nul en France n'est irresponsable. La morale ne veut pas qu'un acte s'accomplisse sans que quelqu'un en réponde. Le roi lui-même, s'il est irresponsable, a près de lui un ministre responsable, et à côté du roi il y aurait une personne

plus inviolable que le roi! Un prince du sang monte à la tribune de la
chambre des pairs, il dit : ma religion sera la religion de mes pères.
C'est bien dit; mais la presse le critique, je le suppose. On voudrait lui
imposer silence!!!

M. LE PRÉSIDENT. Mais il s'agit ici d'offense, Mᵉ Michel; c'est là la
grande distinction à faire. MM. les jurés jugeront.

Mᵉ MICHEL. C'est ce que je demande.

M. NOUGUIER, avocat général. Nous prions M. le président de vouloir
bien laisser continuer le défenseur. Il nous sera facile d'établir dans
notre réplique que la distinction qu'il a mise en avant est une absurdité.
(Mouvement prolongé).

Mᵉ MICHEL, qui paraît n'avoir pas entendu les dernières paroles de l'a-
vocat-général, se penche vers lui et dit : est une, est une?...

L'AVOCAT GÉNÉRAL. Une absurdité. (Nouveau mouvement au barreau).

Mᵉ MICHEL. Merci, monsieur l'avocat-général; je reconnais là la dou-
ceur de votre langage.

L'AVOCAT-GÉNÉRAL. Il arrive tous les jours que dans une discussion on
met en avant un argument qui manque de sens, et il m'a semblé que j'a-
vais le droit d'employer l'expression dont je me suis servi pour qualifier
le système du défenseur.

Mᵉ MICHEL. Je ne le trouve pas mauvais; mais je voudrais alors que
l'on ne se montrât pas soi-même si susceptible et si disposé à requérir
contre nous.

L'AVOCAT GÉNÉRAL. Vous savez bien qu'il ne s'agit pas ici de réquisi-
tions. Votre réponse peut être spirituelle; mais elle n'a certainement pas
le mérite de l'à-propos.

Mᵉ MICHEL. J'ai vieilli sous le harnais, et...

M. L'AVOCAT GÉNÉRAL. Nous ne sommes pas dans une cour d'assises
pour savoir qui de nous parlera le dernier. Je ne vous répondrai plus.

M. LE PRÉSIDENT interrompant. Allons, Messieurs...

Mᵉ MICHEL. Il est intolérable pour un homme comme moi d'être traité
d'absurde. J'ai été suspendu à cette même place pour avoir manqué de
respect à messieurs les gens du roi, et messieurs les gens du roi peuvent
nous manquer impunément. C'est bien. (Sensation prolongée.)

Messieurs les jurés, le système que je plaide, j'espère le faire admettre
par vous, et si je vous ai pour complices, je me passerai volontiers de
l'agrément de monsieur l'avocat-général. Ce sont ceux qui prétendent
que la personne du prince est indivisible qui avancent non pas seulement
une grande absurdité, mais encore une grande hérésie politique. Evi-
demment, Messieurs, on veut couvrir le général du manteau du prince.

Quoi! le duc d'Orléans se met à la tête d'une expédition : Ce sera si
vous le voulez l'expédition la plus glorieuse, celle de Mascara, de Constantine. Voilà que soudain un revers éclate. Qui ne sait l'inconstance de
la fortune? J'apprends que notre défaite est due aux fautes du général, à
un imprudent courage, à son inexpérience de jeune homme, et je ne

pourrai pas le dire, et je ne pourrai pas révéler la cause de nos désastres, et je ne pourrai pas demander compte du sang versé sans qu'à l'instant une voix accusatrice s'élève au sein d'une Cour d'assises pour incriminer, non l'injure adressée au capitaine, au général, à l'homme de guerre, ce qui serait légal, mais pour me reprocher amèrement d'avoir offensé la personne d'un membre de la famille royale? Qui ne voit les conséquences désastreuses d'une pareille doctrine? Qui ne voit qu'elle a pour effet immédiat de condamner le prince à une complète inaction, à une désespérante immobilité?

Mais où puise-t-on cette prétendue indivisibilité? Où en est le germe? Ouvrez la Charte. Qu'on m'indique celle de ses dispositions où se trouve ce privilége exhorbitant inventé par le ministère public en faveur des princes. La Charte ne reconnaît qu'un seul privilége de la naissance, et c'est assez. Les princes naissent pairs de France : quelques-uns prétendent que ce n'est pas grand chose aujourd'hui. (On rit). Ils ont de plus le droit de siéger immédiatement après le président de la chambre des pairs. Telle est la position élevée, mais circonscrite, que la loi fondamentale leur a créée. Qui prétend la leur contester? Mais quand ils s'avisent de vouloir commander nos armées, de s'attribuer des grades élevés, de se faire colonels, maréchaux-de-camp, lieutenants-généraux, alors, ils changent volontairement de position ; alors, ils échangent les glorieux soucis d'une fonction publique contre les douceurs un peu monotones de la vie princière ; alors, ils se font hommes de chair et d'os comme vous et moi et nous tous, et comme tels ils s'exposent à la critique, aux ennuis, aux douleurs, conséquences inévitables des grandeurs laborieuses de la vie publique.

Ma distinction subsistera donc et je m'en félicite, moins dans l'intérêt du *National* que pour l'honneur des principes. Arrivons à l'application :

Ici, je l'avoue, les efforts de la défense sont superflus, ils seraient même dangereux. C'est dans la lecture de l'article que vous devez rencontrer tout d'abord la distinction que je vous signale. Elle m'apparaît à moi sous la forme de l'évidence. Qu'a voulu l'auteur de l'article? Quel était son sujet? S'occupait-il de la cour? De la position des princes en tant que princes, des majorats, des apanages? Nullement. Il avait bien autre chose à faire. L'avancement de l'armée, les conditions de cet avancement, les précautions de la loi pour s'assurer qu'elles sont exigées de tous sans distinction : voilà le sujet, le grave, l'important sujet dont s'occupe l'auteur de l'article. Chemin faisant, il trouve dans une ordonnance récente des dispositions réglementaires qui détruisent de fond en comble les prescriptions de la loi et les garanties offertes par elle à tous les officiers contre les dangers de l'intrigue et de la faveur, et il se récrie, et il laisse éclater son indignation, et il soutient que nul, fût-il prince du sang, n'a le droit de se soustraire aux conditions d'âge et de service prescrites par la loi. Puis, il se rappelle que le duc d'Orléans n'est pas seulement colonel, qu'il n'est pas seulement lieutenant-général, qu'il a établi auprès de sa personne un bureau où les affaires de la guerre viennent aboutir. Tout le monde le dit, tout le monde le croit. Le journaliste pense que cette position prise par le prince, en sa qualité de lieutenant-général, est illégale, inconstitutionnelle, qu'elle est fâcheuse pour lui, funeste pour l'armée. Il signale cette position, il l'attaque énergiquement, courageusement, et si le nom du prince se trouve placé sous sa plume, c'est tout naturellement, ce n'est pas parce que le général est prince, mais parce que le prince a eu l'imprudence ou le courage de se faire général. Qu'on défende donc, si on le veut, les titres et les grades du général, mais non la personne du prince, car, encore une fois, le prince n'est pas dans la cause; il n'a rien à démêler dans ces débats. C'est au moins une grande imprudence que de l'y faire intervenir.

Je vous l'ai dit en commençant et je ne saurais trop le répéter, le *National* ne peut accepter la position qu'on veut lui faire, ni l'adversaire qu'on veut lui donner. C'est un honneur trop périlleux que de s'attaquer à un prince du sang; nous serions plus à l'aise en face du lieutenant-général. Savez-vous pourquoi, Messieurs ? C'est qu'en présence du prince Royal nous n'avons qu'à courber la tête, notre défense n'est plus entière, elle n'est pas libre, nous sommes bâillonnés par le respect, imposé tout ensemble et par de hautes convenances et par les prescriptions sévères de la loi. Nous nous souvenons aussi des recommandations charitables de M. l'avocat du Roi. Placez-nous au contraire en présence du lieutenant général, et vous verrez alors si nous reculons devant l'accomplissement d'un devoir; alors nous insisterons sur les faits articulés; alors nous ne serons plus seuls dans cette enceinte; alors à côté de nous et en face de la justice viendront se produire une multitude de témoignages honorables émanés d'officiers de tous les grades empressés à attester la vérité des faits que nous avons portés à la connaissance du pays.

Et ces faits, dont la révélation nous est reprochée avec tant d'amertume, en sommes-nous les inventeurs ? Les avons-nous imaginés pour faire du scandale ? Qui oserait le soutenir en présence des protestations unanimes de la presse. Je vous ai cité déjà les journaux qui nous sont venus en aide depuis le jour où nous avons été traduits devant vous. Quel cortége plus honorable, plus imposant, plus fait pour agir sur vos consciences ? Mais ce concours de la presse n'était en quelque sorte que l'accomplissement d'un devoir. Il était pour ainsi dire commandé par une solidarité d'opinions loyalement et courageusement acceptée.

Prenez le *Bon sens*. Dès le mois d'août 1837, vous trouverez sur la brèche cet organe infatigable des intérêts démocratiques; dans une série d'articles consacrés à l'armée, ce journal appelle l'attention du pays sur l'influence que la Cour essaie d'exercer dans les affaires de l'armée; il signale une multitude d'abus, d'illégalités, de passe-droits, et les expressions, dieu merci, ne le cèdent ni à l'énergie, ni à la vigueur de la pensée.

La sollicitude du *Constitutionnel* s'est aussi réveillée et sans que son dévouement à la dynastie de juillet se soit le moins du monde refroidi ; il a consacré plusieurs colonnes à signaler les dangers de la voie fatale dans laquelle on s'engageait.

Mais voulez-vous MM. un plus rude jouteur, doué d'une grande énergie, d'une grande habileté et d'un grand courage, écoutez le *Courrier français*. Son article est intitulé : *De l'influence du duc d'Orléans sur le ministère de la guerre* : il y consacre une colonne entière, et il dit que si les faits ne sont pas plus clairement signalés, c'est qu'il ne s'est encore trouvé personne pour les nier ; il en était de même de l'action du roi avant que M. Persil fût venu, dans un discours d'apparat, proclamer sa maxime : *Le roi règne et gouverne;* Attendez dit le *Courrier français*, on nie maintenant l'influence du duc d'Orléans, mais qu'il se trouve un homme qui soutienne qu'il est bon que le prince gouverne l'armée, et les faits ne manqueront pas. Il n'est pas factieux le *Courrier français*, il n'a pas été dans les émeutes, vous n'avez pas fait la guerre contre lui ; voilà ce que le Courrier français disait avant ce procès, et depuis, MM., il a fait un acte de patriotisme et de courage, il s'est établi notre complice, notre solidaire, il a déclaré que nous étions restés en deçà de la vérité ; et maintenant MM. les Jurés, la main sur la conscience, croyez-vous encore que le *National* ait diffamé, calomnié? Est-il possible que tant de journaux d'opinions si diverses se soient rencontrés sur le même terrain, soient tombés d'accord sur les mêmes faits avec une si merveilleuse unanimité; qu'ils les aient reproduits avec une si courageuse constance, si ce ne sont là que de pures inventions, jetées en pâture à de mauvaises passions. Voilà pour vous, Messieurs, et quant au ministère public, je me permettrai de lui dire : Les journaux que je viens de citer ont passé sous vos yeux, si les faits qu'ils révèlent sont vrais, pourquoi me poursuivez-vous, moi qui les ai empruntés à leurs colonnes, et s'ils sont faux, pourquoi ai-je obtenu la préférence dans ces poursuites? La justice a-t-elle deux poids et deux mesures ?

En résumé sur ce premier chef, la personne du prince royal n'est pas le sujet de l'article incriminé. Donc, le National n'a pu l'offenser.

Si M. le duc d'Orléans, en sa qualité de lieutenant-général, est attaqué dans l'article, le *National* est prêt à donner satisfaction au fonctionnaire public dont il a contesté les titres et blâmé l'illégale influence, mais alors que la voie de la preuve lui soit ouverte, ainsi le veulent les convenances, l'équité, et les impérieuses prescriptions de la loi de 1819.

Enfin, et dans tous les cas, le National s'est fait l'écho de la notoriété publique, il n'a fait que répéter ce que vingt journaux avaient dit avant lui, et ces journaux ne sont point suspects d'hostilité envers le gouvernement. Pourquoi donc le *National* se trouverait-il l'objet d'une justice exceptionnelle.

§ 2. *Provocation à la désobéissance aux lois.*

Mon embarras est extrême; si je garde le silence sur ce chef de l'accusation, vous croirez peut-être que je reconnais la culpabilité du *National*, et si j'essaie de me défendre, je ne sais sur quoi faire porter ma justification.

Voilà où conduisent les citations directes; on ne prend conseil que de soi-même, on cède à l'entraînement. Le zèle du bien public a aussi ses exagérations; on voit des crimes partout ; on accuse, on accuse, et quand vient ensuite le jour solennel des débats, on recule devant son propre ouvrage.

Le *National* est accusé d'avoir provoqué à la désobéissance aux lois, et voilà que le ministère public, dans son réquisitoire, glisse sur ce chef avec une incroyable légèreté pour ne pas dire avec une déplorable impuissance.

Que vous a-t-il dit sur ce grief ? Comment a-t-il soutenu l'accusation ? Quel est le passage de l'article où se trouve la provocation ? A quelle loi avons-nous excité l'armée à désobéir ?

Ira-t-on jusqu'à dire que l'obéissance aux chefs étant commandée par les lois, c'est provoquer à désobéir à celle-ci que d'exciter à désobéir à ceux-là. Avec une pareille théorie, le crime de provocation à la désobéissance aux lois serait la suite inévitable de toute contravention, de tout délit, de tout crime, car je ne conçois ni crime, ni délit, ni contravention qui ne soit une désobéissance à la loi, une infraction à ses dispositions.

Je ne pousserai pas plus loin ma discussion sur ce point, je ne sais pas me défendre contre des chimères, je ne sais pas suppléer une accusation. Nous verrons si la réplique du Ministre public sera plus explicite; en attendant je lui dirai que les véritables provocateurs à la désobéissance aux lois sont ceux qui font des ordonnances contraires à leurs dispositions.

§. 3. *Provocation non suivie d'effets à l'insurrection et à l'insubordination.*

Écartons d'un mot la provocation à l'insurrection militaire. Que gagnet-on à exagérer, à qui fera-t-on croire que l'intention du *National* ait été de provoquer l'armée à l'insurrection. Sans doute, si, lorsque l'armée était commandée par le prince royal à Mascara, le *National* avait lancé une proclamation invitant le soldat à désobéir à son chef, il y aurait eu là une provocation intempestive, dangereuse, criminelle, et qu'il eût fallu réprimer. Mais en pleine paix, quand M. le duc d'Orléans est au milieu de nous, est-il possible de redouter un seul instant les mêmes conséquences ? Quels dangers peut avoir une thèse de droit développée par un journaliste dans une feuille destinée au public, et qui doit avant tout être soumise à l'appréciation et au contrôle des magistrats chargés de veiller à l'exécution des lois ? Ne nous appesantissons donc pas davantage sur une accusation sans fondement. Occupons-nous d'une question plus sérieuse et par cela même plus grave, je veux parler de la provocation à l'insubordination.

Posons nettement la question. Oui, le *National* sera coupable de provocation à l'insubordination si M. le duc d'Orléans est légalement lieutenant-général, car le *National* ne s'est pas borné à lui contester son titre, il a engagé les soldats et les officiers à ne pas le lui reconnaître ; mais aussi sera-t-on forcé de convenir que le *National* était dans son droit, si, en effet, les principes de notre droit public et privé se réunissent pour dépouiller M. le duc d'Orléans d'un titre que jusqu'ici on a voulu mal-à-propos lui attribuer.

C'est avec regret que j'ai entendu professer ici la doctrine la plus étrange que l'on ait jamais professée dans un parquet. On prétend que le duc d'Orléans et ses frères sont généraux par droit de naissance, parce qu'ils sont nés sur les degrés du trône ; si cela est, je l'avoue, j'ai vécu jusqu'à présent dans une profonde ignorance de notre droit public.

Les théories n'ont rien à faire ici. Je ne vous parlerai pas de la révolution de juillet, je n'examinerai pas s'il y avait alors plusieurs formes de gouvernement possibles, je dirai seulement : une constitution a été donnée par le peuple et acceptée par le prince. Or, suivant les paroles d'un illustre orateur, du général Foy : Celui-là est un factieux qui veut plus ou moins que la Charte. Que dit la Charte ? La personne du roi est inviolable et sacrée. Mais, le Roi excepté, la Charte ne reconnaît plus que de simples citoyens, grands ou petits, riches ou pauvres, puissants ou faibles, sur lesquels s'étend le niveau de plomb de la loi. Toute tête qui tend à s'élever au-dessus est factieuse (mouvement). Je conçois que les droits du peuple aillent s'élargissant à mesure qu'il devient plus moral, plus intelligent, mais les droits d'un homme, mais les droits d'une famille, jamais ! (nouveau mouvement.)

Le droit des princes est écrit dans la constitution. L'aîné des fils du roi est appelé à succéder à son père. Mais ce droit, le plus grand de tous, est éventuel ; il est subordonné à la condition de survie. Avant de l'exercer, le prince n'est qu'un simple citoyen, ses droits ne sont pas parallèles aux droits du roi, ils sont successifs. Il n'y a pas deux places sur le trône, il n'y a pas de place au-dessus, pas de place à côté ; au-dessous, tout est peuple, tout est soumis. Entre le duc d'Orléans et moi, il n'y a d'autre différence que celle du mérite, du talent, de la vertu, du patriotisme, des grandes choses. (Vive sensation.)

Je me trompe, la Charte crée pour les princes un privilége de naissance. L'article 26 déclare que les princes du Sang sont pairs par droit de naissance et qu'ils siégent immédiatement après le président. Lisez les 70 articles dont se composent la Charte et montrez-moi si vous le pouvez le germe d'un autre droit, d'une autre faveur, d'un autre privilége pour les princes du Sang ; montrez-moi une disposition de loi qui les proclame colonels, maréchaux-de-camp, généraux par droit de naissance ; ou bien, convenez que c'est là une invention nouvelle dont tout le mérite appartient à Messieurs les gens du roi.

On a dit véritablement des choses extraordinaires, on a tenu un langage que je ne traiterai pas d'absurde (je n'emploierai cette expression à l'égard de qui que ce soit), mais qui me paraît peu historique, peu savant, peu constitutionnel, peu habile. On a trouvé singulier que le fils du roi ne naquît pas général comme il naît pair de France. Pour moi, Messieurs, cette différence me paraît facile à justifier. Je conçois à la rigueur, la loi d'ailleurs l'a ainsi voulu, qu'un prince soit pair de France dès sa naissance. Où est le danger de ce privilége dans une assemblée de trois à quatre cents personnes. Ce n'est pas le suffrage d'un prince qui décide du sort d'une loi. Une voix de plus, une voix de moins, fût-ce la voix d'un prince, de quel poids est-elle dans la balance? Mais créer un général par droit de naissance, cela vous paraît-il concevable, cela vous paraît-il possible? Cela vous paraissait-il imaginable avant d'avoir entendu le ministère public. Sait-on ce que c'est qu'un général? un général est un homme qui a vécu avec le soldat, partagé ses peines, ses travaux, qui a compris ses besoins, conquis sa confiance, qui a étudié la stratégie, non-seulement dans les livres et les théories, mais aussi et surtout sur le terrain, dans les camps et sur les champs de bataille. Je vous le dis, s'il est un homme qui soit par sa naissance inhabile à être général, c'est celui qui est né dans les cours, à la première place.

Ouvrez l'histoire, et vous verrez tous les désastres que nous avons éprouvés pour avoir confié imprudemment le commandement des armées à des généraux de naissance, et vous verrez tout le sang qu'il en a coûté à la France pour avoir remis le sort des batailles aux mains de fils de rois, bâtards ou légitimes! (mouvement prolongé).

On a parlé de Napoléon. A 26 ans, dit-on, il était général en chef de l'armée d'Italie. Oui, mais il avait fait ses preuves; mais il avait sauvé Toulon livré aux Anglais par la trahison; mais, il avait mitraillé les 40 mille sectionnaires qui avaient osé attaquer la souveraineté nationale implantée dans l'immortelle Convention. Voilà ce qu'il avait fait, et cependant ce général de 26 ans fut reçu avec défaveur par les vieux soldats d'Italie. Ils murmuraient, ils le trouvaient trop jeune; ils ne voulurent lui accorder ses grades que successivement, suivant l'ordre de la hiérarchie militaire. Ils le nommèrent d'abord caporal, puis lieutenant, capitaine, jusqu'à ce qu'enfin il eût gagné tant et tant de batailles qu'il n'y eût plus de grade à lui conférer? (mouvement).

Et Pierre-le-Grand ne servit-il pas dans une compagnie comme simple tambour? N'était-il pas capitaine des bombardiers au siége de Mariembourg. Et lorsqu'en sa qualité de Czar il créa l'ordre de saint André, s'adjugea-t-il la première place? ne s'inscrivit-il pas au contraire à la suite des Gollowin, des Mazeppa?

Quelle bassesse! va s'écrier M. l'avocat-général! — Vous croyez sans doute qu'il dérogeait à la majesté royale en agissant ainsi, et moi je dis qu'il était plus que roi, le Czar, il était un profond politique.

Le duc de Kent, père de la reine Victoria, n'était-il pas en qualité de simple sous-lieutenant au siége de Gibraltar. Guillaume IV son frère n'avait-il pas servi sur les vaisseaux de l'État avec le grade de simple aspirant de marine. Vous même, M. l'avocat-général, ne nous citez-vous pas avec orgueil le prince de Joinville qui a passé, dites-vous, par tous les grades inférieurs. Il y a, messieurs, dans notre nation, au fond de tous les cœurs, un sentiment de justice et de loyauté qui ne fait défaut à personne, pas plus aux princes qu'aux particuliers, et si un jour son heureuse étoile et son courage poussent le duc de Joinville au grade d'amiral, soyez-en sûrs, aucun organe de la presse ne s'élevera pour lui contester des droits si légitimement acquis; oui l'armée de terre et l'armée de mer s'honoreront toujours d'avoir un fils de roi, non pas à leur tête, mais dans leur flanc; elles lui feront un rempart inviolable de leur corps, mais elles ne veulent pas que les aides-de-camp, les officiers d'ordonnances, les beaux uniformes, viennent protéger les princes. Ces gens-là n'ont jamais protégé personne. (Mouvement.)

Laissons donc de côté la disposition de la Charte, elle repousse les prétentions de M. l'avocat-général; et qu'on n'invoque plus l'histoire, dont les enseignements ne sont pas plus favorables aux généraux par droit de naissance.

Sera-t-on plus heureux sur le terrain des lois spéciales et des ordonnances? Messieurs, j'ai tout vérifié, tout examiné, tout approfondi, et je vous le garantis comme jurisconsulte: M. le duc d'Orléans n'est pas plus général que moi. (On rit.)

Aux termes de la loi de 1832, l'avancement dans l'armée est soumis à des conditions d'âge et de service. Il y a plus, la loi a voulu que chaque nomination fût soumise par la publicité qu'elle recevrait au contrôle de toute l'armée. L'article 22 dispose ainsi: *Toutes les promotions d'officiers seront immédiatement rendues publiques par insertion au Journal militaire officiel avec l'indication du tour de l'avancement, du nom de l'officier qui était pourvu de l'emploi devenu vacant, et de la cause de la vacance.*

M. l'avocat du roi, qui ne peut ignorer les dispositions de nos lois, a-t-il pris la peine d'établir comment les princes du sang ont satisfait aux conditions d'âge et de service exigées par les lois pour arriver au grade supérieur qu'ils occupent dans l'armée? Non, messieurs, il ne l'a pas essayé, il ne l'essaiera pas dans sa réplique. A l'impossible nul n'est tenu. Voilà pourquoi, en désespoir de cause, il tâchait de légitimer par des considérations étrangères à la loi ce qu'il savait bien ne pouvoir justifier par le texte et l'esprit de la loi. Je ne ramènerai pas la question sur le terrain où M. l'avocat-général n'a pas osé la placer, personne n'est moins disposé que moi à passionner ces débats en y introduisant des observations qui pourraient avoir un certain caractère de personnalité; je ne m'appesantirai pas sur ces conditions d'âge et de service impérieusement exigées par la loi de 1832, mais j'insiste sur le défaut de publicité que je reproche à la promotion de MM. le duc d'Orléans et duc de Nemours au grade d'officiers-supérieurs.

La garantie de publicité dont je vous ai parlé a reçu une organisation que je dois vous faire connaître. Tous les ans, il se publie un annuaire militaire, où sont inscrits les noms de tous les officiers de tous les grades, avec l'époque de leur promotion. Il existe d'un autre côté un journal militaire officiel, qui se publie par livraisons hebdomadaires ou mensuelles, suivant les besoins, et où sont reproduites à leur date les ordonnances qui contiennent les diverses promotions dans l'armée; à l'aide de ces deux publications, chaque officier peut connaître sa position dans l'armée et contrôler l'esprit suivant lequel se fait l'avancement.

Si j'ouvre les annuaires de 1837 et 1838, j'y trouve parmi les lieutenants-généraux M. le duc d'Orléans, avec une indication qui fait remonter sa promotion au 1er janvier 1834. J'en conclus que si la date en est exacte, je dois retrouver l'ordonnance qui la consacre dans le journal militaire officiel de l'année correspondante. Eh bien ! j'ai parcouru les 26 cahiers de l'année 1834 du journal militaire officiel, il n'y est pas plus mention de la promotion du duc d'Orléans que de la mienne. J'ai fait subir la même épreuve à la nomination de M. le duc de Nemours, et je suis arrivé au même résultat ; nulle mention dans le journal officiel militaire de sa promotion.

Que suit-il de ces recherches, de cet examen consciencieux des titres ? Ou que les princes du sang sont au-dessus des lois en France, ou que n'ayant pas satisfait aux prescriptions des lois, sans l'observation desquelles nul ne peut devenir officier dans l'armée, les grades qu'ils occupent en ce moment ne leur sont pas légalement acquis.

J'appelle votre attention sur une circonstance particulière. Vous vous rappelez qu'on fait remonter au 1er janvier 1834 la promotion du duc d'Orléans au grade de lieutenant-général, et au 1er juillet 1834 la promotion du duc de Nemours au grade de maréchal-de-camp. Comment se fait-il donc que leurs noms ne se trouvent pas inscrits dans les annuaires militaires antérieurs à 1837 ? C'est qu'apparemment, dans les années précédentes, on ne croyait pas les circonstances assez favorables, on était trop près de la révolution de juillet, on redoutait les attaques d'une presse que les lois de septembre n'avaient pas enchaînée. Depuis on s'est cru plus fort, on a mis de côté toute mauvaise honte, on a osé constater d'une manière authentique dans les bulletins officiels des titres et des grades dont on s'était borné jusque là à porter les insignes : je signale de nouveau ce progrès à votre attention. Voyez où l'on tend et souvenez-vous que vous aussi vous êtes institués pour conserver et maintenir. Maintenez donc les grands dans les limites de la constitution. Ramenez-les au respect des lois, car c'est le mépris des lois qui enfante tous les abus.

Ce que la Charte, ce que la loi de 1832 refusent aux princes, l'ordonnance du 16 mars 1838 pourrait-elle le leur conférer ? Nous avons vu bien des choses depuis la révolution de juillet auxquelles nous ne devions peut-être pas nous attendre. Mais, en vérité, il faudrait désespérer de l'humanité, si nous étions réduits à l'humiliation de prendre la défense des lois contre les ordonnances huit ans après une révolution entreprise et consommée pour assurer le triomphe des lois contre les ordonnances. Non, je ne me soumettrai point à cette humiliation ; non, je n'accepterai point ce rôle ; non, ce ne sera pas en vain que la Charte de 1830 aura consacré dans l'article 13 la prééminence des lois sur les ordonnances. Qu'on dise donc ce que l'on voudra de l'ordonnance de 1838 : qu'on la défende, qu'on l'adule, qu'on la berce sur le velours et la soie, et nous qui l'avons attaquée par respect pour la loi qu'elle foule aux pieds, qu'on nous poursuive, qu'on nous dénonce à l'indignation publique ; c'est à vous, Messieurs, de juger entre nos adversaires et nous.

Ne croyez pas que le ministère public ait épuisé ses ressources, si la Charte de 1830 lui manque, si la loi de 1832 lui fait défaut, s'il ne peut invoquer ouvertement l'ordonnance de 1838, il ne se laissera pas décourager ; il ira demander à la restauration de sanctionner des grades, des titres, des dignités que la révolution de juillet ne veut pas reconnaître. L'ai-je bien entendu, Messieurs ! il existait, dit-on, sous la restauration, une ordonnance du 2 août 1818 qui déclare que les princes du sang qui serviront à l'armée obtiendront le brevet de maréchal-de-camp à la première campagne et celui de lieutenant-général à la seconde. Eh oui, elle existe cette ordonnance ; oui, nous la connaissons, mais avant elle et au-dessus d'elle il existait aussi une loi sur l'avancement de l'armée, datée du 10 mars 1818, et dans laquelle ce privilége des princes de la restauration n'était pas plus consacré que ne l'est dans la loi de 1832 le privilége que vous invoquez pour les princes de la monarchie de juillet, et puisque nous prenons goût à l'ancien régime, le ministère public n'apprendra pas sans quelque intérêt que la disposition de l'ordonnance du 2 août 1818 est la copie littérale d'une disposition semblable du réglement sur la hiérarchie militaire du 17 mars 1788.

Enfin, pour ne rien omettre, on nous a reportés un instant aux années voisines de la révolution de juillet, années pleines encore de glorieuses espérances qui ne devaient pas se réaliser. On nous a dit qu'en 1831 les princes étaient entrés en Belgique à la tête de leurs régiments. Mais en quelle qualité ? en qualité de colonels, dites-vous. Etranges colonels, escortés chacun d'un précepteur et d'un aide-de-camp. Les véritables colonels des régiments c'étaient M. de Pozac pour les hussards d'Orléans, et M. Bro pour les chasseurs de Nemours. Et les deux princes avaient, en outre, pour aides-de-camp des lieutenants-généraux. Un lieutenant-général aide-de-camp d'un colonel ! voilà qui confond toutes les idées. Voilà, si je ne me trompe, de ces grades purement honorifiques, proscrits par la loi de 1832. Ceci ne vous rappelle-t-il pas ce qui s'est passé à Constantine. Un journal n'avait-il pas annoncé, sur la foi de son correspondant, que M. le duc de Nemours avait conféré provisoirement le grade de maréchal-de-camp à M. le colonel Bernelle. De pareils faits n'ont pas besoin de commentaires.

Quant à la consécration populaire dont on vous a parlé, je demande si c'est sérieusement qu'on l'a fait. Je demande si l'on reconnaît au peuple le droit de faire des colonels et des généraux par acclamation. Je demande si cette exception dont on voudrait faire jouir les princes, les héros de juillet seraient admis à l'invoquer au département de la guerre ?

Permettez-moi de résumer en peu de mots toute la défense du *National* sur ce troisième chef.

Point d'appel à l'insurrection militaire ; c'était-là une exagération évidente de l'accusation.

L'appel à l'insubordination consiste dans le refus de reconnaître la qualité de lieutenant-général à M. le duc d'Orléans ; toute la question est donc de savoir si M. le duc d'Orléans est lieutenant-général. Or, ce titre ne lui est reconnu ni par la Charte, ni par la loi de 1832, et l'ordonnance de 1838 ne peut rien contre la loi.

La prétendue consécration populaire de 1830, 1831 et 1832, est une plaisanterie indigne de la gravité de notre sujet.

Reste donc l'ordonnance de 1818, et le réglement du 17 mars 1788. Je doute qu'il soit politique à un gouvernement populaire de puiser ses droits à de telles sources. En tous cas, l'ordonnance de 1818 est à la loi de cette même année ce que l'ordonnance de 1838 est à la loi de 1832.

Tout se réunit donc pour frapper d'illégalité la position de lieutenant général qu'on a si imprudemment faite aux princes.

Je ne veux pas finir sans vous faire part d'une réflexion. Le ministère public nous accuse d'avoir attaqué la nation, les lois, le trône, la garde nationale ; il demande notre condamnation dans l'intérêt de ces grandes institutions, et moi je dis que si vous nous condamnez, vous ruinez l'édifice constitutionnel ; car il faut aller au fond des choses : pourquoi nous sommes-nous jetés dans cette querelle ? Ce n'est pas en vue d'une position particulière qui ne fait envie à personne, et à nous moins qu'à tout autre. C'est à cause des conséquences que cette position entraîne ; après les princes viendront les aides-de-camp, après les aides-de-camp les officiers d'ordonnance, puis les princesses, les dames d'honneur ; la camarilla en masse et en détail. Tout cela c'est le tombeau de l'égalité. Dans tous les pays, et sous tous les régimes, la lutte entre l'égalité et le privilége commence par des abus cachés d'abord, inaperçus, dissimulés habilement, mais qui se développent bientôt d'une manière effrayante, si les magistrats gardiens de l'égalité n'en arrêtent le cours par leur vigilance. J'ose affirmer que désormais en France il ne se fera plus de révolution au nom de la liberté. Dans un pays civilisé, les atteintes à la liberté sont rares, et comme la tyrannie pèse sur tous, elles ne peuvent être durables. Mais que l'égalité soit compromise, et vous touchez à une révolution ; l'égalité, messieurs, c'est le vieil arbre de la nation ; il a ses racines dans le sang de trois millions d'hommes, et dans je ne sais combien de monceaux d'or. Ceux qui disent que la révolution de juillet s'est faite pour la liberté se trompent ; c'est au nom de l'égalité qu'elle a éclaté. La restauration a péri parce qu'elle a attaqué l'égalité ; l'égalité religieuse par sa loi sur le sacrilége, par sa haine pour la philosophie, par son fanatique attachement au clergé ; l'égalité civile, par le droit d'aînesse, par les substitutions et les

majorats; l'égalité politique par le double vote; l'égalité militaire enfin
par la garde royale, les Suisses, les chouans et les émigrés. Aussi, quand
vint le complément de toutes ces atteintes à l'égalité, quand les ordonnances de juillet vinrent creuser l'abîme qui devait à jamais séparer la nation de la royauté; l'armée qui conservait le souvenir profond de ses
blessures, se rangea du côté du peuple pour défendre cette égalité que je
vous convie à défendre à votre tour, en acquittant le *National*.

M. L'AVOCAT-GÉNÉRAL revient sur ses premières observations et soutient
avec une nouvelle insistance la doctrine qui attribue aux princes, par droit
de naissance, le privilége d'être investi des premiers grades de l'armée. Il
persiste dans la prévention.

Mᵉ MICHEL (de Bourges) se lève aussitôt pour répliquer.

RÉPLIQUE DE Mᵉ MICHEL (DE BOURGES).

Si je n'avais, Messieurs, à parler d'un point important de notre droit
constitutionnel, je ne croirais nullement nécessaire de revenir sur les considérations que j'ai fait valoir, et de répondre à ce qu'on appelle la réplique du ministère public. Mais, dans cette cause, il s'agit d'un intérêt immense, et je viens vous rappeler en peu de mots ce que je vous ai exposé
déjà. J'ose dire que le ministère public n'a répondu à aucune des objections, à aucun des arguments que j'avais mis en avant.

Il ne suffit pas ici de faire de belles phrases, de se jeter dans de magni-
fiques déclamations. Tout cela est facile. Ce qui n'est pas aussi aisé,
c'est de donner des faits; je ne veux point avoir recours aux grands mots,
aux expressions sonores. C'est chose puérile. *Je veux vaincre l'accusation
par les principes.*

J'avais dit, et je soutiens, que le simple bon sens, que la raison la plus
vulgaire suffisent pour faire justice de ces belles théories, qui tendent à
reconnaître à quelqu'un un droit découlant de la naissance seule. Il y a
quelque chose de plus fort que vous, M. l'avocat du roi, quelque chose de
plus fort que le gouvernement même : c'est la nature des choses. A quel
homme ferez-vous croire qu'il soit dans l'ordre, dans la nature, qu'un
homme naisse colonel, général? Il y a dans la doctrine du ministère public à cet égard, un étrange oubli des temps où nous vivons. Si j'avais lu
dans un journal les doctrines de l'avocat du roi, je vous l'atteste, Messieurs les jurés, mon étonnement eût été grand; mais dans cette enceinte
même, vous avez appris de l'organe du ministère public qu'il est bien,
qu'il est juste, qu'il est tout naturel que quelqu'un naisse colonel, général! Voilà où l'on en est venu : les prévisions de certains hommes se sont
réalisées! Il se trouve aujourd'hui des colonels de par leur naissance; il
se trouve des magistrats qui justifient, qui développent de tels prin-

cipes. J'ai donc eu raison, moi *National*, de vous crier : Où cela s'ar-
rêtera-t-il ?

Eh! quel était mon intérêt, à moi journaliste ? où sont mes maréchaux-
de-camp ? suis-je quelque chose dans l'armée ? ai-je des bataillons à mes
ordres ? Je n'avais donc aucun intérêt. Il faut le reconnaître, vous ne pouvez m'appliquer cet axiôme du vieux Cassius : *Is fecit cui prodest*. Je me
trompe, Messieurs, j'avais un intérêt, l'intérêt de tout homme qui voit les
choses les plus justes en proie au bon vouloir des puissants. Faire des colonels à dix-huit ans, mais c'est attaquer l'armée ! Les soldats sont fils du
peuple; à vingt ans ils quittent leurs villages, les douceurs du foyer, les
joies de la famille, pour défendre la patrie, pour lui sacrifier les plus belles
années de leur vie, pour mourir pour elle, souvent avant d'avoir joui de
sa gloire et de ses triomphes. Eh bien! ce sont ces hommes, ces fils du
peuple, ces soldats, que vous découragez par votre ordonnance qui crée
des princes colonels à dix-huit ans, quand à cet âge ils étudient encore le
grec et le latin dans nos colléges!

Mais, Messieurs, il faut admettre les conséquences quand on pose les
principes. Dire qu'un prince peut être colonel à dix-huit ans, c'est dire
qu'à dix-huit ans il peut commander un régiment; un régiment, s'il donne
mal dans une bataille, compromet le sort de l'armée; s'il ne donne pas du
tout, il le compromet bien plus encore. Une armée compromise peut entraîner dans sa ruine une nation entière; voilà pourquoi je repousse vos
généraux de dix-huit ans. Quand vous entrâtes en Belgique, c'était bien !
il y avait dans votre expédition une pensée : cette pensée avorta comme
tant d'autres. Quel était le grade de M. le duc d'Orléans, de M. le duc de
Nemours ? Je l'ai déjà dit : le premier était colonel de hussards, le second
colonel de chasseurs. Mais dirigent-ils leur régiment ? donnent-ils des ordres ? président-ils aux mouvements ? sont-ils l'âme des troupes dont ils
sont les chefs en nom ?

Gardez-vous de le croire, Messieurs; ils ont près d'eux des colonels, de
bons et braves colonels, qui font agir les soldats. Pourquoi donc en est-il
ainsi ? C'est que vous ne pouvez faire que l'on soit instruit, habile, expé-
rimenté par ordonnance. La nature s'oppose à cela; elle s'y opposera toujours, quoi que l'on fasse. Eh ! Messieurs, de grands exemples l'attestent;
je vous ai cité le duc de Kent servant au siége de Gibraltar et comman-
dant en Ecosse un régiment; je vous ai parlé de Pierre-le-Grand, successivement tambour, sergent, capitaine de bombardiers, passant par tous
les grades. Que dit le ministère public ? que répond-il à ces éclatants témoignages ? Ce qu'il répond, Messieurs, c'est curieux, en vérité : il dit :
Mais Pierre-le-Grand était dans un état despotique.

Eh quoi ! si dans un pays de bon plaisir un prince donne de tels exemples, vos princes constitutionnels sont-ils dispensés de se courber sous la
loi toute-puissante. (Mouvement.)

Vous ne voulez point de ces enseignements que vous donnent les grands
hommes : vous avez raison ; ils vous condamnent sans pitié : mais la consti-

tution elle-même ne vous laisse aucun refuge dans cette lutte que je soutiens au nom du droit commun. Où avez-vous vu écrit que les fils du roi participent du pouvoir de leur père? Où avez-vous vu écrit que les fils du roi, par cela seul qu'ils sont fils du roi, doivent sortir de la constitution? Aux termes de la Charte, le duc d'Orléans est pair de France, en sa qualité de fils de roi. La loi des lois, la Charte me le dit, je me soumets à la loi. Mais voilà le seul cas d'un pouvoir, d'un droit donné au fils du roi en sa qualité de fils du roi.

Qu'on cherche, qu'on lise, qu'on relise, et qu'on me cite un texte, un article, qui consacre les prétentions du ministère public. Je ne reconnais que la constitution! Petits ou grands, roturiers et princes, nous y sommes soumis. Quand le prince veut prendre rang dans l'armée, la constitution ne permet point qu'il soit en dehors du droit commun : le ministère public n'a guère souci de la constitution. Il faudrait pourtant, Messieurs, qu'on entrât dans l'examen de la question, qu'on abordât ce point de la légalité où je ne puis succomber sans que la constitution soit frappée au cœur.

Plus que jamais, et avec plus de conviction que jamais, je maintiens la distinction que j'ai faite entre M. le duc d'Orléans, membre de la famille royale, et M. le duc d'Orléans, général. Aux termes de la constitution, M. le duc d'Orléans n'est pas lieutenant-général de plein droit. Il peut le devenir, il peut devenir maréchal de France, mais par le droit commun, par le droit commun seul : en attaquant le général je n'ai pas attaqué le prince. Ne confondez pas, Messieurs les jurés, deux choses distinctes. J'ai établi assez longuement, ce me semble, qu'entre M. le duc d'Orléans prince royal et M. le duc d'Orléans général, il n'y a rien de commun. Je ne veux point revenir sur ces détails. Vous m'avez compris, Messieurs les jurés; votre verdict me le prouvera, je l'espère. Mais ce n'est pas moi, qui, de mon autorité privée, viens vous déclarer que le duc d'Orléans ne peut être général que par le droit commun. Non, non. C'est une voix plus puissante que la mienne qui parle : c'est celle de la loi. La loi de 1832 est formelle dans ses termes.

Rappelez-vous les articles de la loi de 1832 qui, pour l'avancement des officiers, fixe certaines conditions d'âge, de service, et le soumet à certaines formalités protectrices telles que la mention dans l'Annuaire des titres des officiers, et l'insertion au journal officiel militaire. Le duc d'Orléans n'a point rempli les conditions de la loi; rien n'a annoncé à l'armée qu'il fût lieutenant-général; son nom n'a point été inscrit au journal officiel militaire; le duc de Nemours a été aussi dispensé de ces formalités; en vain le ministère public prétendrait que ce sont là de pauvres chicanes; tout est grave dans la loi; les formalités que prescrit la loi sont le résultat d'une sage prévision du législateur, ne pas les accomplir, c'est violer ouvertement la loi.

Eh bien! toutes ces infractions à la loi, je les ai relevées à-propos de votre ordonnance explicative de la loi de 1832, de cette ordonnance qu'ont repoussée avec fermeté d'illustres généraux qui savent ce que l'on doit aux princes et ce que l'on doit à l'armée. Pourquoi ne l'avez-vous pas produite, cette ordonnance, dès 1835? Vous attendiez, vous espériez vaincre les résistances des ministres de la guerre. Enfin vous avez trouvé un ministre complaisant et vous avez publié votre ordonnance! C'est bien, mais je l'attaque, c'est mon droit. Elle est illégale, elle sape la base de la loi de 1832; elle est une source de découragement pour l'armée; elle crée vos colonels de dix-huit ans qui ont besoin de précepteurs et de colonels instructeurs devant l'ennemi.

Mais, s'écrie le ministère public, vous saviez que M. le duc d'Orléans était colonel avant la révolution de 1830; vous saviez que le duc de Némours était, lui aussi, colonel, pourquoi ne pas vous plaindre plus tôt? Pour être conséquents, il fallait ne pas attendre huit ans. Vous me demandez cela? Écoutez : c'est que je n'avais pas vu encore le fait érigé en droit. Mais, du jour que vous prétendez faire une loi de ce qui n'était qu'un cas particulier, un accident, de ce jour j'ai dû protester au nom des intérêts de l'armée; je l'ai fait; je l'ai fait en termes vifs, âpres, si vous le voulez. C'est que j'ai été dans la vérité, Messieurs. La vérité a de la rudesse : ainsi s'explique la forme de l'article incriminé.

Je ne reviendrai pas sur les principes étranges émis par l'organe du ministère public touchant l'autorité que doivent avoir les fils du roi en vertu d'une loi préexistante, selon lui, à toute loi. Je ne veux point vous faire l'injure de croire qu'il soit nécessaire de combattre sérieusement ces doctrines du droit divin; vous en ferez justice.

Mais nous voulons réduire les princes à l'obscurité, nous voulons leur fermer la voie des grandes choses et de la gloire!!! Ah, messieurs; pour arriver à la gloire il n'est pas besoin de grades élevés. Qui donc occupait dans l'armée un rang plus honorable que Latour-d'Auvergne? Ses épaulettes étaient-elles d'or? Non, elles étaient de laine : il était grenadier, et dans son havre-sac il portait les œuvres des hommes de guerre qu'il étudiait pour écrire plus tard pour la postérité.

Que les princes apprennent donc des hommes du peuple à combattre, à mourir s'il le faut pour la patrie. Les exemples ne leur manqueront pas : écoutez comment les hommes du peuple gagnent leurs grades. (Mouvement d'attention).

Un soldat avait pris part à nos glorieuses guerres, il avait combattu à la grande bataille; la France fut vaincue, il brisa son épée et s'en alla combattre à l'étranger pour l'indépendance des peuples. La révolution de juillet éclata, il regagna sa patrie. On lui donna du service; le premier il arbora le drapeau tricolore sur les rivages de l'Italie, à Ancône. Brave et audacieux, il cherchait les dangers, il se tourna vers l'Algérie. Là, il eut à supporter des dégoûts. « Colonel, vous êtes mécontent? lui dit un général. — Oui; car je vois partout des passe-droits. — Soyez tranquille; vous aurez les épaulettes de maréchal-de-camp! » Il les gagna, ses épaulettes; mais il

mourut en les gagnant. Ce soldat, ce fils du peuple, c'était Combes!...
(Sensation).

Voilà pour quels hommes nous avons réclamé contre votre ordonnance.
C'est pour ces hommes intrépides et généreux qui seraient bientôt flétris
dans leur cœur s'il était désormais permis à l'intrigue, à la faveur, d'usur-
per les grades dus au mérite et au dévouement. Le *National* s'est constitué
dans cette circonstance le défenseur de l'armée : car l'ordonnance sur la
loi de l'avancement touchait à ses plus chers intérêts. L'avancement, Messieurs, c'est pour le soldat son code territorial, c'est pour lui le champ qu'il
féconde de ses sueurs, qu'il arrose de son sang. L'avancement, c'est le pa-
trimoine qu'il entrevoit noble, glorieux dans l'avenir. Respectez ce patri-
moine, respectez ce champ du soldat.

Ah ! prenez-y garde : quand l'armée est découragée, abreuvée de dé-
goût, privée de l'appui de la loi, elle tourne les yeux vers un homme qui
s'élève toujours au besoin de son sein ; elle entoure cet homme de son
affection, elle combat pour lui, pour lui seul ; et cet homme devient l'op-
presseur de la liberté. Voilà les enseignements qui vous sont donnés par
l'histoire. Vous les comprendrez, vous, Messieurs les jurés ; vous êtes les
représentants d'une société qui a besoin d'égalité, qui, depuis longtemps,
lutte contre les priviléges de toutes sortes. Vous ne consacrerez point ces
priviléges par votre verdict, qui n'aura d'autorité, sachez-le bien, qu'autant
que vous le mettrez en harmonie avec le sentiment national. Les priviléges étouffent l'égalité. Je n'ai plus rien à dire. (Mouvement prolongé).

M. le président fait son résumé.

Me MICHEL (de Bourges). M. le président, j'ai remarqué que tous les
moyens de l'accusation se trouvaient reproduits dans votre résumé. J'ai
même vu que vous en aviez personnellement ajouté ; mais pour les moyens
de ma défense, je ne les ai pas reconnus.

M. LE PRÉSIDENT. Me Michel, vous avez trop d'expérience et vous con-
naissez trop bien les droits de la défense sur le résumé du président pour
insister sur votre observation. J'ai résumé tout ce qui m'a paru saillant
dans votre défense ; je n'ai rien omis des principes que vous aviez émis en
conformité avec nos lois. Mais j'ai cru devoir laisser de côté tout ce qui
avait rapport à une distinction contraire à la constitution. Du reste, loin de
moi la pensée d'ôter quelque chose à la défense. MM. les jurés, qui ont
prêté à votre plaidoirie et à votre éloquente réplique une religieuse attention, connaissent votre système, ils l'apprécieront.

A six heures et quelques minutes, MM. les jurés se retirent pour déli-
bérer.

A sept heures, le jury rentre à l'audience, et le chef du jury, d'une voix
ferme, dit : « Sur mon honneur et ma conscience, la délibération du jury
est, sur toutes les questions: *Non, l'accusé n'est pas coupable.* »

Au milieu des marques d'approbation que les huissiers et les gardes ont
peine à comprimer, M. le président prononce l'acquittement et ordonne
la restitution des numéros saisis.

OPINION DES JOURNAUX.

COURRIER FRANÇAIS.—Voilà un de ces événements comme nous n'avons pas souvent l'occasion d'en enregistrer, mais qui prouvent que, dans un pays comme le nôtre, il ne faut jamais désespérer, et que l'esprit public ne fait pas défaut à ceux qui savent lui parler son langage et entrer dans ses sympathies. Il y a en ce moment un fait qui frappe tous les yeux, qui domine toutes les convictions, sur lequel tous les pouvoirs sont d'accord sans s'être entendus, c'est que c'est vers l'armée que se dirigent toutes les mauvaises tendances du gouvernement, tous les projets rétrogrades, toutes les idées de retour à des traditions réprouvées par le pays. Cette direction fâcheuse est devenue de jour en jour plus manifeste; l'influence du duc d'Orléans, d'abord timidement essayée et niée au besoin, puis devenant de jour en jour plus patente jusqu'à ce qu'elle ait éclipsé l'autorité du ministre de la guerre, cette influence dont on désire au fond accréditer l'idée pour que le jeune prince devienne le soleil levant vers lequel se tournent tous les regards, a marqué le commencement d'un système dont l'ordonnance du 16 mars est devenue le développement le plus avancé, au point qu'on ne voit plus ce qui lui reste à faire pour compléter son triomphe.

Il y a déjà longtemps que la presse a commencé à signaler le danger, et qu'avec un instinct admirable d'autres pouvoirs ont senti qu'il fallait lui venir en aide. Sous la restauration, tout le monde croyait que le danger venait du sacerdoce; aujourd'hui, tout le monde comprend, non pas que le danger vient de l'armée, mais qu'il la menace principalement. La chambre des députés n'a pas été la dernière à le sentir; ses commissions ont donné au ministère des leçons dont tout autre eût profité. Malheureusement, quand le pouvoir s'égare, chez nous, il fait toujours consister sa gloire à persister dans un aveuglement absolu. Les leçons de la chambre l'ont irrité sans l'éclairer. En voyant l'accueil que reçoit son ordonnances du 16 mars et la popularité qu'acquiert le pouvoir insolite du duc d'Orléans, il s'est pris d'une colère puérile contre la presse, et a demandé à l'arsenal des lois de septembre des armes pour étouffer la discussion. Inspiration heureuse et qui a toujours bien réussi à ceux qui l'ont suivie!

C'est ici le lieu de remarquer comme les pouvoirs de la société s'entendent [aussitôt qu'il y a danger pour le pays! Les efforts de la presse contre un système militaire dont elle signale le danger, ont-ils obtenu le puissant appui de la chambre des députés: voilà que le ministère irrité demande au jury un moyen de répression contre la chambre et contre la presse. Le jury ne s'y trompe pas: il voit où est le danger; il décerne un triomphe éclatant et à la presse et à la chambre des députés, indirectement comprise dans la poursuite.

N'y a-t-il pas là un sentiment des besoins du pays, un instinct, un tact vraiment admirables? Pour un ministère qui ne se serait pas fait une loi de ne rien voir et de ne rien entendre, n'y aurait-il pas là une leçon à jamais mémorable ? Mais cette leçon, il aura l'air de l'interpréter tout de travers ; il dira que c'est une entreprise pour le renverser, et qu'il veut faire le désespoir des mécontents en restant en place. Eh ! bon Dieu ! qu'il y reste tant qu'il voudra, ou plutôt tant qu'il pourra ; seulement ; qu'il cherche à comprendre ce que tout le monde comprend, et à tirer d'une pareille leçon le profit que tout le monde en tirerait à sa place. Qu'il voie dans le verdict du jury ce que le pays y verra, c'est-à-dire bien moins l'acquittement du *National* que la condamnation du régime de privilége ressuscité par l'ordonnance sur l'avancement, et la réprobation du pouvoir extra-légal conféré au duc d'Orléans sur le département de la guerre.

Qu'aurait à faire un ministère quelque peu raisonnable pour montrer de la déférence envers l'opinion publique, pour tirer parti de sa défaite et la changer en un véritable triomphe ? Il faudrait qu'il révoquât son ordonnance du 16 mars, ou du moins qu'il en changeât les principales dispositions dans le sens que l'opinion lui a indiqué, et certes, il ne devrait pas lui en coûter beaucoup pour porter la main sur un pareil chef-d'œuvre. Il faudrait renoncer à faire du duc d'Orléans un quasi-ministre de la guerre ; il faudrait éloigner de lui ce don empoisonné qui lui suscite les seules tracasseries qu'il ait eu à essuyer dans le rang où il est placé ; il faudrait le débarrasser d'un pouvoir équivoque qui compromet seul une popularité à laquelle, sans ce malheureux empiétement, rien n'eût porté atteinte. Enfin, quoi qu'il arrive, le pays a fait son devoir ; il devait à la couronne un avis franc et sincère ; il l'a donné. Que tout le monde agisse de manière à pouvoir se rendre le même témoignage !

Le *National* a rendu un véritable service à la France en faisant, à ses risques et périls, sanctionner par le jugement du pays des principes dont le triomphe importe au salut de la révolution et à l'avenir de la France. Me Michel (de Bourges) a présenté la défense d'une manière digne de son talent et de son caractère, digne du journal qu'il avait à défendre et de la cause dont il était l'organe.

On a vu avec peine l'organe du ministère public se permettre envers l'honorable défenseur un oubli de convenances que la plus simple urbanité semblait lui devoir interdire. Heureusement, Me Michel s'est gardé de le suivre sur ce terrain, et lui a donné une leçon de mesure et de dignité. Il serait temps que les magistrats qui président aux audiences missent un terme à ces écarts, et que l'organe du ministère public, qui est toujours prêt à fulminer des conclusions contre l'avocat qui lui riposte avec quelque vivacité, comprît qu'il n'y a ni courage, ni générosité à manquer d'égards envers celui qui se trouve ainsi placé sous sa férule. Au reste, ce petit désagrément sera amplement compensé pour Me Michel (de Bourges) par le sentiment du triomphe qu'il a obtenu aujourd'hui dans l'intérêt du pays. Qu'importe que M. Nougrier trouve que c'est une *absurdité* d'établir une distinction entre le duc d'Orléans, prince du sang, et le duc d'Orléans, officier-général ? Le ministère public n'admettant pas de distinction, eût voulu que le prince aussi bien que le général restât en dehors de toute discussion : c'est cette inviolabilité que Me Michel a fait repousser par le jury. A ce prix, on peut laisser à M. Nouguier la consolation d'imputer à Me Michel une absurdité.

Bon sens. — Eh quoi! un prince, de son autorité privée, s'en viendra bouleverser, au gré de son caprice, une partie de la législation, sous prétexte d'expliquer la législation, il la violera; il substituera sa volonté personnelle à la triple volonté de la loi, et il ne sera pas possible de lui représenter humblement qu'il se permet de faire un office qui n'est pas le sien! on ne pourra pas lui crier : « Jeune homme, vous n'êtes pas le roi, vous n'êtes pas le ministre de la guerre; vous n'êtes pas maréchal de France, et même d'aucuns ont soutenu que vous n'êtes pas légalement lieutenant-général. Le seriez-vous? commandez votre division, si l'on vous eu donne une à commander, et ne vous inquiétez pas du reste de l'armée. A quel titre venez-vous réglementer une matière qui n'est point de votre compétence?

L'article du *National*, l'éloquente plaidoirie de Me Michel, et surtout le remarquable verdict du jury, resteront comme autant de protestations énergiques de l'esprit démocratique provoqué par l'esprit de cour.

Journal du peuple. — Le pouvoir avait vu avec colère le *National* montrer au pays et à l'armée l'autocratie que le fils aîné de Louis-Philippe s'arroge dans le département de la guerre; montrer que le favoritisme méconnaît les droits des anciens militaires, dans l'intérêt spécial d'officiers de boudoir; signaler énergiquement enfin l'atteinte que cette ordonnance porte à la loi en autorisant la promotion au grade de colonel pour les enfants princiers âgés de dix-huit ans !

Cédant à ses rancunes irréfléchies, le parquet n'avait pas craint de faire retentir dans toute la France les réflexions du *National*, déjà si fâcheuses pour le château, alors même qu'on aurait obtenu une condamnation du jury tel que nos lois l'ont fait, et si foudroyantes pour lui dans le cas où l'armée pourrait dévorer ces vérités écrasantes sanctionnées par la justice du pays. Et le parquet avait vu l'offense là où il n'y avait que des paroles sévères.

Il avait vu la provocation à la désobéissance aux lois là où il n'y avait, au contraire, qu'un conseil de protester par les voies légales contre une simple ordonnance violatrice de la loi.

Notre attente n'a pas été trompée : jamais la parole de M. Michel ne nous avait paru si puissante, et le barreau a peu d'exemples d'une défense aussi brillante, aussi logique, aussi savante, aussi complète. Gêné sur le terrain constitutionnel si étroit, resserré dans le cercle de notre légalité si mesquine, il a su concilier toute l'habileté possible avec le radicalisme le plus pur.

Honneur aux jurés! honneur à l'avocat député!

Siècle. — Le jury, comme nous l'avions prévu, a fait justice des poursuites dirigées contre le *National*. La plaidoirie de M. Michel (de Bourges) a donné plus d'éclat à un acquittement que le bon droit des accusés rendait, selon nous, inévitable. La cour doit s'apercevoir que les envahissements qu'elle se permet dans toutes les directions sont loin d'obtenir l'assentiment de la France.

Gazette de France. — La journée d'hier a été écrasante pour le parti de la camarilla. Les grades militaires conférés par ordonnance aux ducs d'Orléans et de Nemours, contestés au pouvoir par le verdict d'un jury en cour d'assises, l'attaque simultanée de la gauche, du tiers-parti et de la doctrine contre la prétention d'assujétir la chambre au cérémonial des apparlements du château, ce sont là deux grandes déboires pour ceux qui rêvent une monarchie à la Louis XIV sous le règne d'une révolution parlementaire.

Que dira l'Europe ? Que diront les familles princières auxquelles on demande des femmes pour les princes de la branche cadette ? Quoi ! l'égalité, l'égalité, toujours l'égalité révolutionnaire ! On ne peut pas en sortir depuis 92. Cela est par trop piquant. Après huit ans de succès de toute espèce, après Anvers et Constantine, après des flatteries de tous les corps constitués, après qu'on a figuré dans les camps de plaisance avec des épaulettes de général et de brillants états-majors, après qu'on a prétendu administrer tout le personnel de l'armée avec un aide-de-camp de Louis-Philippe, ministre de la guerre. Quoi ! après tout cela, un pareil verdict du jury !

Le ministère public doit regretter bien des expressions qu'il a imprudemment avancées hier dans le procès du *National*. Nous ne parlerons pas du reproche d'absurdité jeté à la défense, forme d'argumentation un peu scolastique, ni de la formule si facile *l'article lu, il est déjà compris et condamné*, qui avait réussi dans d'autres causes. La décision du jury prouve que ce sont de mauvaises habitudes et qu'il faut s'en défaire. Mais ce qui rend cette décision mémorable, c'est l'importance qu'on attachait à la condamnation de l'article du *National*. La prévention est *immensément* grave, a dit M. Nougier ; il n'y en a pas eu de plus grave depuis la révolution de juillet ; et le défenseur du *National*, loin de décliner cette gravité, ajoute : « Déjà ce procès a excité une vive émotion dans le public. » De quoi s'agissait-il donc ? On le sait maintenant.

Pour le *National*, il s'agissait de défendre la loi de 1832 sur l'avancement militaire, et d'attaquer l'ordonnance de 1838 explicative de cette loi, qui, suivant Me Michel, contient plus de 200 illégalités. Pour le pouvoir, il s'agissait de créer par l'ordonnance, et au mépris de la loi, un privilége en faveur des fils du roi des Français et d'en faire des officiers-généraux par droit de naissance, comme ils sont pairs en naissant, aux termes de la charte de 1830 ; et le jury a pris le parti de la loi contre l'ordonnance, comme l'avait fait toute la presse, et pour cela le jury n'a eu qu'à se rappeler qu'en 1830 on avait aboli l'article 14 de la Charte. Le jury a été logicien comme on l'est toujours dans ce pays. Pour soutenir son système, M. l'avocat-général n'a rien oublié de ce qui pouvait toucher les jurés. Il leur a montré tout l'ordre social en péril, jeté à bas. Il en a appelé à leur amour-propre de gardes nationaux. Il en a parlé à leurs cœurs en faveur de M. le duc d'Orléans et de M. le duc de Nemours, *qu'ils aiment*, a-t-il dit, *plus qu'eux-mêmes et qui sont la gloire de la patrie*. Mais Me Michel avait pour lui la logique des faits et la raison ; et lorsqu'il a dit que l'égalité était le *vieil arbre de la nation*, il a été plus écouté que Me Nouguier, disant comme une précaution oratoire que la liberté était le *Dieu* de la nation. Il n'y a pas beaucoup de figures de rhétorique dans l'éloquence de Me Michel ; mais il y a de l'âme, de la finesse et une grande conviction. La force des pensées, la hardiesse des expressions et la vivacité du débit n'ôtent rien à la mesure de son langage, et s'il est un rude adversaire politique, il rend du moins hommage à la vérité et désire le rapprochement des esprits.

Imprimerie de Mme PORTHMANN, rue du Hasard-Richelieu, 8.

www.ingramcontent.com/pod-product-compliance
Lightning Source LLC
Chambersburg PA
CBHW060510210326
41520CB00015B/4172